Obermedizinalrat
Dr. Heinz Fidelsberger

Sternenlauf und Menschenschicksal

Ein astrologischer Leitfaden für alle, die sich für Astrologie interessieren und für alle praktizierenden Sternenfreunde. Eine Information für alle, die auch heute noch die Astrologie ablehnen!

Kirsch

Druck: A. Luigard Ges.m.b.H., Wien
Satz: Edition Tau & Tau Type, Bad Sauerbrunn
Gestaltung des Umschlags: erwin rödl & friends

ISBN 3-9010-2802-1

Inhalt

Inhaltsverzeichnis

Vorwort

Ein Vergleich möge die hier gegebene Notwendigkeit klären: Gegen Ende des vorigen Jahrhunderts verschmolz in des Wortes wahrstem Sinn die Heilkunde mit den Naturwissenschaften. War die Medizin bis zu diesem Zeitpunkt ein Erfahrungswissen, das im Laufe von vielen Jahrtausenden erworben werden konnte, so begann man sich in immer größerem Ausmaß naturwissenschaftlicher Praktiken zu bedienen. Mit den exakten Methoden von Messung und Analyse, Experiment und Statistik entstand dann in wenigen Jahrzehnten das grandiose Gebäude der modernen naturwissenschaftlichen Medizin mit seinen heute alles umfassenden Möglichkeiten, Krankheiten aller Art zu heilen oder ihren Verlauf erfolgreich zu beeinflussen. Was heute jeden Tag in den Spitälern und Kliniken, in den Ordinationen der Ärzte geschieht, war noch vor einem Jarhhundert einfach undenkbar. Man kann ohne weiteres sagen, daß sich täglich auf der ganzen Erde unzählige Wunder ereignen.

Was die Astrologie betrifft, so ist auch sie ein Erfahrungswissen, dessen Wurzeln weit in die prähistorische Zeit zurückreichen. Es war, wie Nietzsche ganz richtig sagt, eine grandiose Leistung des Menschengeschlechtes, den Lauf der Sterne verstehen zu lernen, die Planetenbahnen zu entdecken und schließlich das Geschehen am Himmel auch berechnen zu können. Die astrologische Deutungslehre hat dann in all den vergangenen Jahrtausenden mitgeholfen, irdisches Schicksal besser zu verstehen und teilweise auch zu lenken.

Die so oft vorgebrachte Forderung, es möge doch die Astrologie als Wissenschaft anerkannt werden, nimmt auf die Tatsache nicht Rücksicht, daß ja exakte wissenschaftliche Forschungen bis zum heutigen Tag fehlen. Es kann doch keinen Zweifel darüber geben, daß eine wissenschaftliche Astrologie nur dann Bestand hat, wenn sie in jeder Beziehung im Einklang mit den Naturwissenschaften steht. Bis zum heutigen Tag ist die Astrologie nichts anderes als ein Erfahrungswissen, das allerdings in den Händen Kundiger Ratsuchenden Lebenshilfe gewähren kann. Freilich wurde die Astrologie im Laufe der Jahrhunderte auch zu üblen Zwecken mißbraucht, sogar im Dunstkreis vieler Verbrechen hat auch die Astrologie eine Rolle gespielt. Leicht ist es oft, das Vertrauen von labilen Menschen, die auf der Straße des Lebens vom rechten Kurs abgekommen sind, zu mißbrauchen und sie mit gewinnsüchtigen Motiven von dauernden Beratungen abhängig zu machen.

Als Beweis für die immer noch mangelnde Wissenschaftlichkeit der Astrologie dient die so erstaunliche Tatsache, daß bis zum heutigen Tag eine allgemein verbindliche Erklärung fehlt, was denn eigentlich ein Geburtshoroskop aussagen kann, innerhalb welchen Rahmens überhaupt Deutungen erfolgen dürfen. Überblickt man die heute so ins Kraut schießende astrologische Literatur, in der vielfach die reine astrologische Lehre mit so vielen anderen Wissensgebieten vermischt wird, dann findet man nirgendwo einen Bezug auf jene modernen Erkenntnisse der Naturwissenschaften, die allein imstande sind, der Astrologie ein wissenschaftliches Fundament zu geben.

Weiß man endlich einmal ganz genau, von jedermann akzeptabel und so, daß selbst die grimmigsten Feinde der Astrologie zustimmen müssen, was eigentlich der Inhalt eines Geburtshoroskopes ist, dann kann auch die Astrologie schließlich exakt definiert werden. Eine solche Definition muß aber dann für alle verbindlich sein. Es ist somit die erklärte Aufgabe dieses Buches, die Position der Astrologie jetzt, am Ende des Zweiten Jahrtausends, genau zu bestimmen. Die dazu notwendigen Instrumente liefern die modernen Wissenschaften.

Wien, August 1990 Dr. Heinz Fidelsberger

Die Formel des Lebens

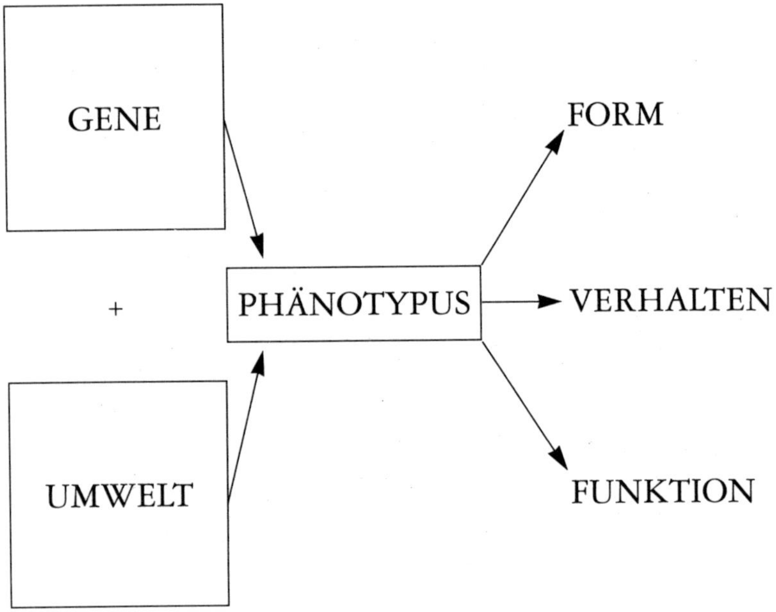
GENE
+
UMWELT
PHÄNOTYPUS
FORM
VERHALTEN
FUNKTION

Der genetische Code

Es ist weitgehend unbekannt, zu welchem Zeitpunkt genau die für die gesamte Menschheit folgenschwerste Entdeckung gemacht wurde. Die Erklärung dafür ist einfach, es waren die Lebensumstände damals so außerordentlich abnorm und für Millionen Menschen auch so ungeheuer belastend, daß man für eine wissenschaftliche Erkenntnis, die in einem amerikanischen Laboratorium gewonnen wurde, einfach kein Interesse haben konnte.

Es war mitten im Zweiten Weltkrieg, als sich die Siegesaussichten für die Alliierten langsam zu bessern begannen. Die Katastrophe von Stalingrad hatte den deutschen Rückzug aus Rußland eingeleitet, die amerikanische Flotte und ihre Marinesoldaten eroberten eine Insel im Pazifik nach der anderen zurück. Aber es waren noch ungeheure Anstrengungen erforderlich, um endlich das blutige Ringen zu beenden, und für Mitteleuropa begann das Chaos erst nach Kriegsende, als vierzehn Millionen Menschen von ihrer angestammten Heimat vertrieben wurden.

Die sogenannte Fachwelt hat das Forschungsergebnis von Avery, McLeod und McCarthy zunächst vollkommen übersehen und überhaupt nicht richtig bewertet. Viele Jahre zuvor hatte man bereits in vielen Laboratorien versucht, den Schlüssel für den Vererbungsmechanismus zu finden. Man hatte mit der Taufliege, mit Mäusen und verschiedenen Pflanzen experimentiert, doch alle diesbezüglichen Untersuchungen blieben ohne Ergebnis. Die drei amerikanischen Forscher experimentierten jedoch mit Bakterien, genau gesagt mit den Erregern der Lungenentzündung, den Pneumokokken. Hier gibt es zwei Arten, von denen eine Kapseln bildet, die andere nicht.

Avery, McLeod und McCarthy verpflanzten nun ein Gen, ein winziges organisches Gebilde, das Erbfaktoren enthält, von einem kapselbildenden Stamm auf einen Stamm, der keine Kapsel mehr bildete. Und damit erlangte der Bakterienstamm wieder die Fähigkeit, Kapseln zu bilden und diese Befähigung auch den Nachkommen weiterzugeben. Darauf analysierten die drei Forscher den Chemismus dieses Gens und fanden die reine Desoxyribonukleinsäure, ein recht kompliziertes Gebilde. Es besteht aus einem Teil Phosphorsäure, einer Zuckerart namens Desoxyribose und einer organischen Base. Das Ganze nennt man ein Mononukleotid, und was die drei Forscher damit in den Händen hielten, war ein Buchstabe der Vererbung.

Das war im Jahre 1943.

Seither sind noch nicht fünfzig Jahre vergangen, und die Menschheit hat Grund genug, die Entwicklung der sogenannten Gentechnik mit Angst und Sorge zu verfolgen. Was damals während des Zweiten Weltkriegs entdeckt wurde, konnte dann in den Fünfzigerjahren zur Entschlüsselung aller Lebensvorgänge führen. Zunächst einmal entdeckte man die so unbegreifliche Tatsache, daß es überhaupt nur vier „Buchstaben" der Vererbung gibt. In den sogenannten Mononukleotiden kann es nämlich nur vier verschiedene organische Basen geben. Sie tragen die Namen Adenin, Thymin, Cytosin und Guanin. Aus der Reihenfolge und der Zahl der Buchstaben ergibt sich dann eine Art Schrift, ein Code. Und dieser Code bestimmt, wie ein Lebewesen beschaffen ist. Ob Pflanze, Tier oder Mensch, was auch immer auf dieser Erde lebt, trägt in sich einen genetischen Code, der nur aus diesen vier Buchstaben besteht. Das ganze Leben auf dieser Erde seit seinem Uranfang kennt nur diese Schrift der Vererbung.

Man konnte bereits in den Fünfzigerjahren genau erkennen, wie sich die Vererbungsmechanismen abspielen, wie von einem solchen Strang von Buchstaben die Information weitergegeben wird. Man spricht heute von den DNS (Desoxyribonukleinsäure) – Doppelfaden und jede Einzelheit dieser Vorgänge ist bekannt. Dies führte zur Gentechnik, zur praktischen Verwertung der gewonnenen Erkenntnisse. Man kann in solch einen Doppelstrang neue Vererbungsbuchstaben einführen und damit eine große Veränderung erreichen. Man kann ganz neue Lebewesen erzeugen!

Die Größenordnungen, die hier vorliegen, sind ungeheuer. Das Molekül einer Bakterienzelle enthält fünf mal zehn hoch sieben Mononukleotide, also fünfzig Millionen Buchstaben. Je höher die Tierart, umso mehr Buchstaben der Vererbung sind in den Genen enthalten. Die sogenannten Nucleinsäurestränge sind, je höher entwickelt ein Lebewesen ist, umso länger. Es ist wohl überaus erstaunlich, daß die Erforschung dieser Buchstaben der Vererbung immer neue Resultate liefert und daß man hofft, bis zum Ende dieses Jahrhunderts den genetischen Code des Menschen komplett analysiert und entschlüsselt zu haben.

Damit wird es dann möglich, für jede einzelne Eigenschaft eines Menschen den entsprechenden Teil im genetischen Strang zu finden. Mit

Hilfe gezielter Eingriffe wäre es dann möglich, solche Teile auszutauschen, und diese Praxis ist in vielen Bereichen der Tier- und Pflanzenwelt bereits möglich. Man weiß heute, daß alle Funktionen des menschlichen Körpers, die gesamte Steuerung seines Stoffwechsels, in der ganzen Entwicklung von Genen abhängig sind, die aus diesen vier Buchstaben der Vererbung ganz unterschiedlich zusammengesetzt sind. Und damit hat man schließlich klipp und klar eine Aussage gewinnen können, die zur Basis für jede Überlegung bezüglich des Lebens auf dieser Erde gilt. Daß nämlich bei der Entstehung von Leben, bei der Befruchtung, bei der Vererbung also, eine Information in Form einer Kette von Genen weitergegeben wird, die wiederum eine Unzahl von Mononukleotiden, sogenannter Vererbungsbuchstaben, enthalten. Diese *„genetische Information“* enthält den gesamten Bauplan eines Lebewesens, bestimmt weitgehend die ganze Entwicklung und auch den Rhythmus von Aufbau und Abbau. In dieser genetischen Information beim Menschen ist unter anderem enthalten die Hautfarbe, die Augenfarbe, die Haarfarbe, der Knochenbau, der Körperbau in seiner Gesamtheit, die geistigen Anlagen, die Lebensdauer und anderes mehr.

Die genetische Information rechtfertigt den Grundsatz, daß der Mensch keimplasmatisch determiniert ist. Das heißt, sein gesamtes Schicksal ist zunächst abhängig von der Zusammensetzung der Gene, die er auf dem Weg der Vererbung zugeteilt bekommen hat.Die Frage, ob bei der Konzeption, also wenn sich eine männliche Samenzelle mit der weiblichen Eizelle verbindet, kosmische Einflüsse eine Rolle spielen, muß man, so man sich diesen ganzen Vorgang genau überlegt, vollkommen verneinen. Denn es wird ja ein Erbmuster, eine Kombination von Genen, von der Elterngeneration auf das neue Lebewesen unverändert übertragen. Es wird das, was in den Samenzellen an genetischer Information enthalten ist, eben weitergegeben.

Die Entdeckung der genetischen Information, der chemischen Grundlagen der Vererbung, hat ein Rätsel gelöst, das in der ganzen geschichtlichen Zeit der Menschheit immer wieder zu vielen Spekulationen Anlaß gab. Warum kommt, wenn ein Esel mit einer Eselin kopuliert, ein neuer Esel zur Welt ? Warum schlüpfen aus den Eiern, die ein Kohlweißling legt, Raupen, die sich verpuppen und nach deren Metamorphose entschlüpfen wieder Kohlweißlinge? Was ist die Ursache dafür, daß sich rassische Merkmale vererben, warum bleiben Neger immer schwarz, und warum sind Nordländer zumeist hellhäutig?

Jetzt, wo man genau anzugeben vermag, in welchen Teilen eines genetischen Stranges, der schier unendlich langen Anordnung der DNS–MOLEKÜLE, die einzelnen Eigenschaften verankert sind, kann man sich alle diese Vorgänge erklären. Welchen Nutzen die Menschheit schließlich daraus ziehen wird, bleibt nach wie vor ungewiß. Wie eine düstere Mahnung liest sich heutzutage das Buch „Schöne neue Welt“ von Aldous Huxley, der schon vor Jahrzehnten diese Entwicklung vorausgeahnt hat. Wird man einmal Menschen züchten, indem man nur genetische Kombination zuläßt, die Eigenschaftsanlagen haben, die den Regierenden genehm sind? Weiß man doch heute schon so ungefähr, wo im genetischen Strang Eigenschaften wie Eigensinn, Zorn, Streben nach Individualismus und andere zu suchen sind. Wird man einmal in der Lage sein, die Gene so zu manipulieren, sodaß sozusagen Einheitsmenschen gezeugt werden, willfähig, einfach zu lenken und frei von Aggressionen?

Erschreckend genug, daß längst in den Laboratorien in diesem Sinne geforscht wird. Denn so wird es sich möglicherweise wirklich einmal sbspielen, wenn die genetische Information mißbraucht wird. Dann haben Diktatoren der Zukunft keine Geheimpolizei und keine Gefängnisse mehr nötig. Man regiert mit Glückspillen und Zufriedenheitsinjektionen eine Menschheit, der man Gene eingepflanzt hat, die einen starken eigenen Willen gar nicht mehr aufkommen lassen.

Die Entdeckung der genetischen Information zeigt, daß jeder Mensch eine ganz individuell gemischte Kombination von Genen von seinen Eltern erhalten hat. Diese genetische Information prägt den sogenannten *GENOTYPUS* des Menschen. Die Summe aller Erbanlagen ist der Bauplan für ein neues Leben, das sich vom Augenblick der Konzeption an eigenständig entwickelt. Was die Vorfahren eines Menschen an Erfahrungen, an Leiden und Drangsalierungen mitgemacht haben, was durch unzählige Vermischungen von Erbanlagen in den Samenzellen des Mannes und in den Eiern der Frau enthalten ist, verschmilzt im Augenblick der Konzeption zu einem neuen genetischen Gerüst, dessen Bestandteile zum Teil in der männlichen Samenzelle, zum Teil in der weiblichen Eizelle vorhanden waren. Es vermischen sich die Genotypen der Eltern und daraus entsteht der neue Genotypus, der freilich deutliche Ähnlichkeiten zu den elterlichen Genotypen zeigen muß.

Für jeden Astrologen aber ergibt sich daraus die Erkenntnis, daß der Genotypus selbstverständlich mit dem Geburtshoroskop überhaupt nichts zu tun hat. Wenn an einem Ort zu gleicher Zeit eine Eselin wirft und ein Kind geboren wird, dann haben beide, der junge Esel und das Kind, das absolut identische Geburtshoroskop. Niemand kann daher sagen, wenn er ein Kosmogramm sieht, für welches Lebewesen es erstellt wurde. Man kann ein Geburtshoroskop für einen Hund, eine Katze, ein Kalb, einen Elefanten oder sonst ein Tier erstellen. Über den Genotypus sagt es nichts, aber auch gar nichts aus. Daher sind Spekulationen, zum Beispiel ob es sich um die Geburt eines männlichen oder weiblichen Kindes handelt, vollkommen aus der Luft gegriffen. Wenn Astrologen dergleichen Kunststücke gezeigt haben, indem sie aus einem Geburtshoroskop Geschlecht und auch das Wetter bei der Geburt herausgelesen haben, so haben sie entweder geschwindelt oder eben sich vorher Informationen besorgt.

Der Grundsatz nun, wonach der Mensch keimplasmatisch determiniert ist, ist für alle, die sich mit der Astrologie beschäftigen, Horoskope erstellen und deuten, absolut verbindlich. Determiniert heißt soviel wie bestimmt oder vorausbestimmt. Die Blutgruppe und der Körperbau, die Anlage der Organe und die von den Vorfahren übernommene Lebenskraft, die sich in der voraussichtlichen Lebensdauer äußert, die Form der Nase und des Gesichtes, die Augenfarbe und die Körperbehaarung, die Neigung zu Krankheiten und eventuelle Mißbildungen, letztlich aber auch die Summe aller Charakteranlagen, die im Erbgut der Eltern vorhanden waren, werden vom Genotypus bestimmt, der im Augenblick der Konzeption, bei der Vereinigung der männlichen Samenzelle und der weiblichen Eizelle also fixiert ist. Aus dem Geburtshoroskop sind keinerlei Rückschlüsse auf den Genotypus möglich. Zum Beispiel ist es vom genetischen Standpunkt aus absolut unmöglich, eine Trisomie aus einem Geburtshoroskop herauslesen zu können. Es werden ja leider immer wieder mongoloide Kinder geboren, und in astrologischen Zeitschriften liest man dann Deutungen, die in diese Richtungen weisen. Das ist, hat man die genetische Information verstanden, absoluter Unsinn und zeigt nur Unkenntis der genetischen Faktoren.

Die Modulation

*„Der Mensch ist keimplasmatisch determiniert
und wird durch exogene Einflüsse moduliert!“*

Vom Augenblick der Konzeption an, wenn aus der Urzelle des menschlichen Lebens durch Zellteilungen das neue Leben heranreift, wird dieses Wachstum durch äußere (exogene) Einflüsse mehr oder weniger verändert. Auf diese Weise wird der Genotypus moduliert. Diese Einflüsse können förderlich oder hemmend sein, sie können stören und sogar zerstören, sie können die genetische Information in einem gewisssen Sinn auch verändern. Ist zum Beispiel ein Mensch als langlebig programmiert, erleidet aber die Mutter einen Autounfall, bei dem auch das Kind im Mutterleib getötet wurde, so hat eben ein Einfluß von außen die keimplasmatische Bestimmung ausgelöscht.

Der Reihe nach aufgelistet ist wohl der erste von außen kommende modulierende Faktor der Gesundheitszustand der Mutter. Hier lehrt die Gegenwart leider, daß sehr viele Frauen scheinbar überhaupt kein Verantwortungsgefühl kennen. Durch Nikotin und Alkohol, durch Suchtgifte jeder Art wird die Entwicklung des Kindes im Mutterleib geschädigt, oft in einem solchen Ausmaß, daß ein verkrüppeltes und debiles Kind zur Welt kommt. Es ist immer wieder erschütternd, wenn man Geburten erlebt, wo durch die Mutter das neue Leben von Anfang an zu einem unheilvollen Dasein verurteilt ist.

Erkrankt die Mutter zum Beispiel während der Schwangerschaft an Röteln, kommt es zu einer ganz exzessiven Schädigung des Kindes, in erster Linie durch Mißbildung des Gehirnes. Syphilis und andere Infektionskrankheiten der Mutter können das Kind genauso schädigen wie auch verschiedene Medikamente. Die Conterganaffäre hat hier einen schrecklichen Beweis dafür geliefert, wie der Genotypus verändert werden kann. Durch Einnahme des Präparates durch Schwangere kam es zu einer Entwicklungstörung, sodaß die Kinder ohne Arme oder Beine geboren wurden. Die Schädigung erfolgte bereits in den ersten Schwangerschaftswochen. Es war damals übrigens üblich, aus den Geburtshoroskopen die Mißbildungen zu deuten. Wohl ein besonders markantes Beispiel dafür, daß viele Astrologen das genetische Prinzip nicht verstehen. Was hat das Geburtshoroskop mit der Keimschädigung im zweiten Schwangerschaftsmonat zu tun?

Der nunmehr wichtigste exogene Einfluß ist die Summe aller Umstände bei der Geburt. Wer oft genug als Arzt selbst Entbindungen geleitet hat, weiß um die vielen Möglichkeiten, hier einzugreifen und damit auch die Geburtszeit zu verändern. Es können durch Medikamente die Wehen beschleunigt werden, es ist andererseits auch eine Ruhigstellung der Mutter möglich. Man kann manuell die Geburt beschleunigen oder gar durch einen operativen Eingriff das Kind zur Welt bringen. Die Geschicklichkeit des Arztes und der Hebamme, die Umstände rund um die Gebärende haben genau so Einfluß auf das Kind wie auch jener Augenblick, in dem der Stoffwechsel des Kindes sozusagen eingeschaltet wird.

Wenn das Kind geboren wird, zieht es zunächst Luft ein und füllt damit die Lungen, die bis zu diesem Zeitpunkt ja luftleer waren. Dadurch gelangt der lebenswichtige Sauerstoff erstmalig durch eigene Aktivität in den Körper, und mit einem Mal wird auch das Gehirn kraftvoll mit sauerstoffreichem Blut durchströmt. Die im Gehirn befindlichen lebenswichtigen Zentren, allen voran das Atemzentrum, werden eingeschaltet. Vom Geburtsaugenblick an hat das Kind einen eigenen Stoffwechsel, es bezieht die Nahrung und den Sauerstoff aus der Umwelt; im Mutterleib lebte es vom Stoffwechsel der Mutter.

Der erste Schrei ist bedingt durch das *Ausatmen* und kann daher nicht als Geburtsaugenblick gelten. Doch in der Regel ist der Zeitraum zwischen Einatmen und Ausatmen äußerst gering, sodaß hier eine Differnzierung keine große Rolle spielt. Beim Geburtsaugenblick findet das Kind einen ganz bestimmten Zustand der elektromagnetischen Landschaft ringsum mit seinen Rhythmen vor, die eine Art Prägewirkung besitzen. Der Stoffwechsel wird an diese Rhythmen angepaßt, die wiederum das Ergebnis kosmischer Einflüsse sind. Diese von außen kommende Einwirkung auf den Beginn menschlichen Lebens ist von unerhörter Wirkung und bestimmend für das ganze Leben.

Der Genotypus wird nun weiter moduliert durch die Ernährung in den ersten Lebensmonaten. Heutzutage bekommen die Kinder so gut wie immer ausreichend Vitamin D, wodurch die Rachitis verhindert wird. In früheren Zeiten hat die Knochenerweichung zu ganz schrecklichen Deformationen des Körpers geführt, ganz abgesehen von den Auswirkungen auf die geistige Entwicklung. Rachitische Kinder hatten einst ein trauriges Los, auch die beste genetische Information konnte daran nichts ändern.

Ebenso haben einst Kinderkrankheiten sehr großen Schaden bei der Entwicklung verursacht, allen voran aber die Mandelentzündung, die Angina. Die Krankheitserreger sonderten Gifte ab, die wiederum die

Herzklappen angriffen. Herzfehler waren die Folge, und sie brachten langes Siechtum und frühes Sterben.

Die Entwicklungsmöglichkeiten eines Kindes werden selbstverständlich auch durch die Erziehung bestimmt, die Fürsorge der Eltern und die Liebe der Erwachsenen können wesentlich dazu beitragen, daß der Genotypus günstig beeinflußt wird und alle guten Anlagen zur Entwicklung kommen. Im gegenteiligen Fall aber erfolgt eine negative Modulation, deren Ergebnis oft eine körperliche und seelische Verkrüppelung sein kann und darüber hinaus eine oft erschreckende Debilität.

Alle aus der Umwelt kommenden modulierenden Faktoren können verschieden intensiv den Genotypus verändern und daraus gewinnt man die Erkenntis, daß der Mensch, so wie er sich entwickelt, so wie er sich im Leben präsentiert, seinem Phänotypus sowohl den Genen wie auch der Umwelt verdankt.

UMWELT

Gesundheitszustand der Mutter
Umstände bei der Geburt

KOSMISCHE PRÄGUNG BEI DER GEBURT

Ernährung als Säugling
Betreuung durch die Mutter und Familie
Geschwister
Soziale Verhältnisse
Wirtschaftliche Verhältnisse
Bildungsmöglichkeiten
Bezugspersonen
Begegnungen
Arbeitswelt
Lebenspartner
Kinder
Freunde

STERNENLAUF WÄHREND DES LEBENS

Der Phänotypus

„Ab dem zwanzigsten Lebensjahr ist jeder Mensch für sein Gesicht verantwortlich!“

Dieser Satz stammt vom französischen Schriftsteller Camus und will besagen, daß der Mensch durch seine Bildung, seine Einstellung zur Umwelt, seinen Umgang mit den Mitmenschen, seine Tätigkeit, kurz gesagt mit der Gesamtheit seiner Umweltbeziehungen sein Aussehen bestimmt. In erster Linie zeigen dies die Gesichtszüge, dann aber auch die ganze Körperhaltung. So wie ein lebensfroher Mensch mit heiterer Miene und aufrechtem Gang seinen Mitmenschen entgegentritt, ebenso kann man an einer mürrischen Miene und gebücktem Gang erkennen, daß ein Mensch mit seiner Umwelt nicht zurechtkommt.

Das griechische Wort „phainomenai“ heißt soviel wie: Ich scheine, oder ich erscheine. Und unter dem Phänotypus des Menschen versteht man seinen Zustand, so wie er sich zeigt, wie er der Umwelt gegenüber erscheint. Der Phänotypus ist die Summe aller genetischen Bestimmungen und Umwelteinflüsse und ändert sich im Laufe des Lebens immer wieder. Jeder einzelne Einfluß seitens der Umwelt kann den Phänotypus korrigieren, mehr oder weniger verändern. Ein junger Mensch, der eben erst mit seiner beruflichen Tätigkeit begonnen hat, wird fünfzig Jahre später gewiß anders aussehen. Nicht nur die Körperform wird eine andere sein, nicht nur seine Gesichtszüge werden von der Summe des Erlebten geprägt sein, auch sein ganzes Gehaben wird eine, vielleicht sogar völlige, Änderung erfahren haben.

Durch Verletzungen, Krankheiten zum Beispiel kann sich der Phänotypus eines Menschen verändern. Das Zusammenleben mit anderen Menschen, die verschiedenen Möglichkeiten eines Gedankenaustausches, die Verpflichtungen der Umwelt gegenüber und vieles andere mehr hat genau so einen immer wieder neu prägenden Einfluß auf den Phänotypus jedes Menschen wie auch der kosmische Einfluß.

Es ist von grundlegender Wichtigkeit, den Begriff „Phänotypus“ voll und ganz zu verstehen. Wenn sich der Phänotypus eines Menschen – aber auch jedes anderen Individuums – aus der Gesamtheit aller erblich bedingten und durch Außenfaktoren modifizierten Merkmale ergibt, dann muß man eben verstehen, was erstens durch die genetische Information bedingt ist, und was zweitens alles durch die Umwelt verändert werden kann. Und da nun einmal der Lebensweg jedes Menschen durch eine sich ständig verändernde Umwelt geht, die Beziehung zur Wirklichkeit immer wieder eine andere ist, so ändern sich auch immer wieder die Umwelteinflüsse oder, wie man zu sagen pflegt, die Umweltfaktoren. Jeden Tag ändert sich der Lauf der Sterne, jeden Tag wird man ein wenig älter, jeder Tag kann eine neue Erfahrung bringen, an jedem Tag kann sich an den Beziehungen zur Umwelt, zu Freunden, Bekannten, Lebenspartnern, zur Berufswelt und zu allen Verpflichtungen etwas ändern. Von einem Tag zum anderen kann die Gesundheit schwinden und ein chronisches Leiden seinen Anfang nehmen, innerhalb weniger Minuten kann ein Mensch durch einen Schlaganfall zu einem Krüppel werden und dann einen ganz anderen Phänotypus aufweisen.

Daraus ergibt sich mit wohl überzeugender Klarheit, daß man für den Phänotypus eines Menschen nicht nur einen einzigen Umweltfaktor verantwortlich machen kann. Es ist, vom astrologischen Standpunkt aus gesehen, möglich, daß ein im Tierkreiszeichen des Löwen geborener Mensch dank besonders guter Umwelteinflüsse ein besonders imponierendes Gehaben zeigt und die Gesundheit besonders robust ist, es kann aber ganauso möglich sein, daß infolge höchst ungünstiger Einflüsse der Phänotypus unterdurchschnittlich und überhaupt nicht auffallend ist.

Wenn in alten Astrologiebüchern genau beschrieben wird, welche Körperform ein Steinbockgeborener hat und wie ein Zwillingsgeborener seinen Mitmenschen begegnet, so mag dies auf Grund von Beobachtungen in dem einen oder anderen Fall durchaus stimmen. Aber der kosmische Einfluß bei der Geburt bestimmt *niemals* allein den Phänotypus eines Menschen, noch viel weniger hat er einen Einfluß auf die genetischen Faktoren. Diese exakte Begrenzung der Astrologie ist absolut notwendig und muß von jedem Astrologen anerkannt werden. Es muß ganz einfach einmal klar und deutlich erkannt werden, was aus einem Geburtshoroskop herausgelesen werden kann und was nicht. Aus dem Phänotypus eines Menschen sind drei Ableitungen möglich: Es läßt sich daraus erkennen, wie Form, Verhalten und Funktion eines Menschen beschaffen sind.

Die Form

Wie schon erwähnt, ist die Körperform eines Menschen zunächst einmal genetisch festgelegt. Jene drei Grundtypen, nämlich die athletische, die pyknische und leptosome Körperform, sind im Erbgut verankert. Durch eine bestimmte Lebensweise kann es gelingen, diese Formen etwas zu korrigieren. Doch aus einem leptosomen (also schmalen und muskelschwachen) Typ kann man nur mit allergrößter Mühe und dauerndem Training eine angedeutet athletische Figur formen, beim Nachlassen der Muskelarbeit aber wird sehr bald der Körper wieder einen eher schwächlichen Eindruck machen. Der Pykniker mit Anlage zur Verfettung, oft mit kahlen Kopf und einer imponierend gemütlichen Wesensart, kann durch strenges Einhalten einer Diät unter Umständen den Fettansatz verhindern und auch noch in der zweiten Lebenshälfte schlank und rank sein. Der geringste Diätfehler aber wird das Körpergewicht in die Höhe schnellen lassen.

Der athletische Typ ist oft ein echter Muskelprotz, auch wenn er sich gar nicht sonderlich sportlich betätigt. Solche Menschen sind oft schon in der Schule echte Kraftmenschen und beeindrucken die anderen durch ihre köperlichen Leistungen. Daß die Leptosomen aber im Lernen oft viel rascher vorankommen und oft klüger sind, zeigt mitunter eben den Unterschied zwischen Muskel und Gehirnmasse.

Die meisten Menschen sind freilich sogenannte Mischtypen, aber auch hier sind zumeist grundsätzliche Veränderungen der Körperform, soweit sie den Genotypus betreffen, kaum möglich. Allerdings spielt ja während des ganzen Lebens die tägliche Bewegung des Körpers, die Ernährung und auch die Umwelt eine Hauptrolle. Der Phänotypus ist oft in einem recht erheblichen Ausmaß wandelbar. Und als ehemaliger Schularzt vermag der Autor dieser Zeilen auf den bekannten Umstand hinzuweisen, wonach in der Schule immer auch ein Turnunterricht absolviert werden muß, in dem viele Übungen gelehrt werden, mit denen man den eigenen Körper, dessen Form und Aussehen vorteilhaft erhalten kann. Und während in den unteren Klassen Schüler und Schülerinnen sehr oft mit einer wahren Beisterung turnen, beginnt dann in den höheren Klassen, wenn bei den jungen Menschen die Pubertät einsetzt, eine Art Differenzierung bezüglich körperlicher Tätigkeit. Die einen sind nach wie vor körperlich aktiv, sie turnen, betreiben Sport oder wandern in der Freizeit. Die anderen werden zusehends bequem und können schließlich schier grenzenlos faul werden. Daß sich dies auf den Phänotypus auswirken muß, ist verständlich.

Ganz besonders markant aber verändert sich zeitlebens die Gesichtsform. Sie spiegelt weitgehend psychisches Geschehen in das ganze Erscheinungsbild des Menschen und jede Veränderung in der Einstellung zur Umwelt kann oft in der Form des Gesichtes abgelesen werden. Schlimm ist es, wenn eine Geisteskrankheit das Gesicht prägt, die hier entstehenden Formen zeigen oft die ganze Verwüstung des Innenlebens.

Es ist eine bekannte Tatsache, daß Körperform und Haltung im Alter dann auf die einstige berufliche Tätigkeit einen Rückschluß erlauben. Die einen gehen aufrecht und bemühen sich auch im achten und neunten Lebensjahrzehnt um eine gute Haltung, andere wiederum scheinen echt niedergedrückt zu sein. Die Schwere der Belastungen durch die Umwelt und die Bemühungen, diese zu ertragen, prägen lebenslang den Phänotypus!

DAS VERHALTEN

Durch die genetische Information im ganzen Genotypus besitzt der Mensch eine Fülle von Anlagen. Bei der Geburt sind diese noch nicht zu Eigenschaften entwickelt, sodaß man mit Recht sagen kann, daß ein neugeborenes Kind noch keinen Charakter besitzt. Das Wort „Charakter" kommt aus dem Griechischen und heißt soviel wie „das Hineingeprägte". Womit klar und deutlich ausgedrückt wird, daß seitens der Umwelt erst diese Prägungen erfolgen.

Auf Grund ständiger Erfahrungen, die der Mensch von Geburt an macht, entwickeln sich die einen oder anderen Eigenschaften und bilden damit sein ganzes charakterliches Verhalten. Es entsteht durch die Entwicklung der verschiedenen Anlagen zu Eigenschaften die ganz individuelle Eigenart eines Menschen. Durch Erziehung wird der Charakter geformt, ebenso natürlich durch alle anderen Umwelteinflüsse. Der kosmische Einfluß bei der Geburt begünstigt bestimmte Anlagen, die dann sehr oft eine einigermaßen zutreffende Aussage über den Charakter eines Menschen ermöglichen.

Der Charakter eines Menschen bestimmt sein ganzes Verhalten der Umwelt gegenüber. Er unterliegt lebenslang zum Teil sehr großen Veränderungen, weil ja im Laufe des Lebens immer neue Erfahrungen gemacht werden. Im Rahmen einer bestimmten Gemeinschaft mit immer gleichen Beziehungen zu den Mitmenschen und den Tagesereignissen sind charakterliche Veränderungen meist nicht sehr groß, sie lassen höchstens auf einen Reifungsprozeß schließen. Wenn sich aber die Umwelt entscheidend verändert, dann kann es auch zu ganz großen charakterlichen Veränderungen kommen. Sichtbar kann solch eine Veränderung in der Schreibweise eines Menschen werden. Die Charakterforschung hat sich ja bekanntlich in ihren Anfängen vor allem der Handschriftendeutung bedient.

In der ganzen Charakterkunde kennt man den Begriff der Charakterstärke, womit zum Ausdruck gebracht wird, daß bei manchen Menschen der Charakter sich aus irgendwelchen Gründen so entwickelt hat, daß er sich wenig oder sogar überhaupt nicht ändert. Ein labiler Charakter wiederum zeigt ein Verhalten, das größtenteils von der Umwelt bestimmt wird und in dem die sogenannte innere Festigkeit fehlt.

Das ganze Verhalten eines Menschen läßt sich demnach als das Ergebnis genetischer Anlagen und Umwelteinflüsse erkennen. Veränderungen im Phänotypus lösen auch Veränderungen im Verhalten aus. Ein alter Mensch, dessen Augen getrübt sind und der schlecht hört, wird unsicher werden und ängstlich. Sein Verhalten der Umwelt gegenüber wird oft eine bedauernswerte Hilflosigkeit signalisieren. Derselbe Mensch kann in seiner Jugendzeit aber ein überaus bestimmt auftretender Chef eines Unternehmens gewesen sein, wo er mit klarem charakterlichem Verhalten seiner Umwelt imponiert hat.

Der gesundheitliche Aspekt darf hier also auch nicht übersehen werden. Das Verhalten eines Menschen, der gelähmt im Bett liegt, wird durch die Enge der Umwelt und die totale Abhängigkeit geprägt. Die charakterlichen Eigenschaften können dann in des Wortes wahrstem Sinn verkümmern, und die ganze individuelle Eigenart geht nach und nach verloren. Ganz anders wird der Charakter eines Menschen erhalten und gefestigt bleiben, wenn er auch noch im hohen Alter in vielseitiger Beziehung zur Umwelt steht und jeder Tag Neues bringt, das gedanklich verarbeitet werden muß. Bei der astrologischen Deutung muß man daher immer auf die jeweiligen Lebensumstände Rücksicht nehmen und genau erforschen, in welcher Umwelt ein Mensch lebt und welche Beziehungen er zu seiner Umwelt hat. Wohl am deutlichsten hat dies seinerzeit in einem seiner Bücher Dr. Fankhauser niedergeschrieben. Er formulierte, daß jeder, der sich mit Astrologie beschäftigt, die *unheimliche* Entdeckung machen wird, daß die Sterne der Mitmenschen im eigenen Horoskop wirken. Weil eben jede Beziehung zur Umwelt den eigenen Phänotypus verändert, jede Begegnung mit einem anderen Menschen, mit dem aus irgendeinem Grund Beziehungen aufgenommen werden, auf Form, Verhalten und auch Funktion des Phänotypus einen mehr oder weniger deutlichen Einfluß hat.

Versucht nicht eine Frau, wenn sie sich verliebt hat, durch verschiedene Veränderungen ihres Phänotypus, durch mehr Körperpflege, Schminke, Kleidung und Haltung einen besseren Eindruck zu machen? Verändert sich nicht das Verhalten eines Mannes, wenn er sich um die Gunst einer Frau bemüht, kann dies nicht unter Umständen eine solche Veränderung seines Wesens bedingen, daß ihn die eigenen Freunde sozusagen nicht mehr erkennen?

Tausendfältig lassen sich Beweise dafür erbringen, daß sich das Verhalten eines Menschen immer in einer Wechselbeziehung zur Umwelt gestaltet, vom ersten Atemzug an bis zum Herzstillstand.

Die Funktion

Das Grundprinzip des Lebens ist die Anpassung. Jedes Lebewesen muß sich lebenslang an die Umwelt anpassen, die erforderlichen Maßnahmen treffen, um die Einflüsse seitens der Umwelt zu verkraften. Der Wiener Individualpsychologe Dr. Alfred Adler hat dies in dem so einfachen Satz ausgedrückt:

„Leben heißt kompensieren."

Für die Anpassung an die jeweiligen Lebensumstände, die, wie bereits erwähnt, sich ja ununterbrochen verändern, besitzt der Mensch einen überaus feinfühligen und komplizierten Apparat, den man das „vegetative System" nennt. Es ist dies die Einheit der Drüsen des Körpers und des vegetativen Nervensystems. Was auch immer im Leben an den menschlichen Organismus herankommt, wird vom vegetativen System registriert und durch Regulationen ausgeglichen.

Ein ganz einfaches Beispiel: Jemand ist abends allein daheim, liegt bereits im Bett, und der Körper beginnt sich auf die Schlafperiode einzustellen. Der Herzschlag verlangsamt sich, die Atmung wird flacher, und die Gedanken beginnen an Konzentration zu verlieren. Plötzlich hört dieser Mensch im Haus ein Geräusch, so als wäre jemand gegen eine Türe gestoßen.

Ein Einbrecher?

Eine Mörderbande?

Ein Erdbeben?

In diesem Augenblick gelangen winzige Mengen eines Hormons in die Blutbahn. Das hier wirkende Noradrenalin läßt den Blutdruck in die Höhe schnellen, der Herzschlag wird kraftvoll, wuchtig und schnell. Die Leber schüttet Unmengen von Energiestoffen aus, man ist sofort hellwach, und der ganze Körper ist auf Kampf, Abwehr, Flucht und Bewegung geschaltet.

Es stellt sich nun heraus, daß nur ein Windstoß durch die offengebliebenen Badezimmerfenster den Lärm verursacht hat. Doch wenn man jetzt versuchen sollte, rasch wieder einschlafen zu können, wird dies mißlingen. Der Körper ist auf Wachsein und Energieabgabe geschaltet.

In solch einem Fall ist es am besten, sich nochmals anzuziehen und ein paar Runden ums Haus herum zu laufen. Dann ist die bereitgestellte Energie verbraucht, und man kann wieder schlafen.

Dieses Beispiel zeigt, daß erstens im Körper Mechanismen vorhanden sind, die Reaktionen auf Umwelteinflüsse auslösen. Diese sind zum größten Teil ererbte Funktionen, im Laufe von Jahrmillionen von unseren Vorfahren erworben. Die Stärke, die Plötzlichkeit und damit die Gesamtheit der Reaktionen ist aber individuell sehr verschieden. Hier kommt es auf die verschiedenen Umweltfaktoren an, die das Verhalten und auch die Funktion geprägt haben. Es gibt Menschen, die in Katastrophenfällen eiserne Ruhe bewahren und ganz gezielt und überlegt handeln. Andere wiederum verlieren den Kopf und können in Panikreaktionen noch mehr zu Schaden kommen. Wer sich mit Astrologie beschäftigt hat, weiß um die beweisbare Tatsache, daß des Menschen Temperament zu einem erheblichen Teil vom kosmischen Einfluß bei der Geburt abhängig ist, von der Prägung, die eben der Stoffwechsel bei der Geburt durch den Kosmos empfängt. Die Funktionen des Körpers sind daher immer ganz und gar individuell. Und von Gesundheit kann man sprechen, wenn eben diese Funktionen so beschaffen sind, daß der Mensch mit seinen Anpassungsmechanismen zurechtkommt. Auf dem Lebensweg gibt es immer wieder eine andere Umwelt, die Landschaften ringsherum – um es bildich darzustellen – verändern sich dauernd. Der Weg selbst ist einmal glatt und eben, dann wieder steil und steinig. Oft sieht man nicht, wie es weitergehen soll, dann wiederum hat man einen großen und klaren Überblick. Auf dem Lebensweg geht man oft allein, dann wiederum hat man Gefährten, die das Vorankommen erleichtern oder aber auch hemmen. Oft hat man das beglückende Gefühl, sich auf jemanden verlassen zu können, und dann sind beschwerliche Wegstücke leicht zu bewältigen. Aber leider wird man sehr oft durch verschiedene Umstände behindert, und alles wird schwer und drückend.

Um das, was man früher einmal den Lebenskampf genannt hat, auch mehr oder weniger erfolgreich bewältigen zu können, müssen die durch den Genotypus übernommenen Anlagen und Eigenschaften für die Lebensumstände trainiert werden, die der Mensch während seines Lebens vorfindet. Das ist der ganze Sinn und Zweck der Anpassungsvorgänge, die in erster Linie durch Körperfunktionen ausgelöst werden. Eine überaus große Bedeutung haben hier nachweisbar die kosmischen Einflüsse, weil sie immer wieder die körperlichen und seelischen Funktionen verändern können. Wenn sich durch negative Saturneinflüsse Stoffwechselfunktionen verlangsamen, kommt es zu Mißstimmungen, Antriebsschwäche und Schwinden der Lebensfreude. Andererseits können sehr günstige Jupiterkonstellationen den Stoffwechsel beschleunigen und den Lebensmut stärken, Frohsinn aufkommen lassen, und dann führt eben vermehrte Aktivität zu neuen Erfolgen !

Der kosmische Einfluss

Das lateinische Wort „causa“ heißt soviel wie Grund und Ursache. Das vielgebrauchte Wort Kausalität leitet sich davon ab und wird verwendet, wenn für irgendeine Angelegenheit nach Zusammenhängen und Ursachen gefragt wird. In der Astrologie hat die Kausalität schon seit urdenklicher Zeit die Menschen beschäftigt. Von den Vorstellungen, daß die Planeten Götter seien und daher das irdische Leben lenken, bis zu den Ausssagen moderner Astrologen, die erklärt haben, die Planeten stünden in gar keiner Beziehung zum Schicksal, spannt sich der weite Bogen von Vorstellungen und Erklärungen.

Es ist aber doch einigermaßen merkwürdig, daß gerade Astrologen von Forschungsergebnissen wenig oder gar keine Notiz nahmen, die zu Beginn der Sechzigerjahre als wahre Sensation galten. Denn in einwandfreien Untersuchungsreihen hat vor allem der russische Geophysiologe Alexander Presman nachgewiesen, daß die elektromagnetischen Felder Informationsträger für die lebende Natur sind. Seine Arbeiten wurden dann von anderen Forschern weitergeführt, wobei besonders die wissenschaftlichen Ergebnisse Alexander Dubrows so sensationell waren, daß sie unverzüglich in die englische Sprache übersetzt wurden und in den USA als Buch erschienen.

Wenn also heute vor allem seitens jener Astrologen, die eine Art Mischung von Psychologie und Astrologie praktizieren und sich immer wieder auf C.G. Jung berufen, behauptet wird, daß die Planetenbahnen mit dem Ablauf irdischer Schicksalfügungen nichts zu tun haben, dann muß man ihnen mit einiger Berechtigung Ignoranz vorwerfen. Man sollte doch meinen, daß es für die Astrologie nur von grundlegendem Vorteil sein kann, wenn eine einwandfreie Kausalität bestätigt wird.

Beginnen wir zunächst mit dem Hinweis, daß die elektromagnetischen Felder, die im Rhythmus der dauernden Veränderungen der Kraftfelder in unserer Sonnenwelt die Erde umfluten, in den Fünfzigerjahren entdeckt wurden. Es waren dies zuerst die Van-Allen Gürtel, dann kamen dazu die großen Ringströmungen, schließlich aber brachten die vielen Meßraketen, die ins All geschossen wurden und die mit hochempfindlichen Instrumenten ausgestattet waren, immer neue Beweise dafür, daß die Sonnenwelt, in der die Planeten ihre elliptischen Bahnen ziehen, erfüllt ist von gigantischen Kraftfeldern, die ununterbrochen in Bewegung sind. Als dann Raketen zu den einzelnen Planeten gelangten, sogar bis zum fernen Pluto, konnte man in erster Linie erstens deren Magnetfelder messen und zweitens auch zum Teil deren Zusammensetzung.

Es war nun ein logischer Schluß, daß dieses ungeheure kosmische Kraftfeld, in das die Erde eingebettet ist und dasselbst auch von einem solchen Kraftfeld umgeben ist, in Beziehung stehen muß zur Bewegung der Planeten. Daß diese Beziehung rhythmisch ist – denn die Planeten bewegen sich ja seit urdenklichen Zeiten in immer gleicher Weise –, das war den Geophysikern und Geophysiologen von Anfang an klar.

Alexander Presman hat mit seiner spektakulären Arbeit aber einen Begriff verwendet, der keineswegs für alle verständlich ist. Man muß hier ziemlich weit zurückgreifen, nämlich in das Jahr 1948. Damals veröffentlichte Norbert Wiener seine Arbeiten über Kybernetik (Steuerungsvorgänge) und führte in die Kausalität einen vollkommen neuen Begriff ein, nämlich den der *INFORMATION.* Er definierte sie negativ mit dem bekannten Satz:

„Information ist Information, weder Masse noch Energie."

Die Physik bekam damit ein ganz neues Prinzip und mußte sich umstellen. Die Wissenschafter der Sowjetunion akzeptierten damals diesen Lehrsatz nicht, kamen aber dann sehr bald zu dem Ergebnis, daß die Information eine Hauptrolle im ganzen Leben spielt.

Es ist schwierig, den Begriff Information mit wenigen Worten zu erklären. Ganze Bibliotheken wurden geschrieben über Informationspsychologie, Informationstheorie (mit viel Mathematik!) und Informationsverarbeitung. Die Kybernetik beschäftigt sich mit den Gesetzmäßigkeiten der Informationsübertragung und Verarbeitung. Überall im Leben spielen solche Informationen eine gewichtige Rolle, auch die bereits erwähnte genetische Information gehört hierher. Aus den Uranfängen der Keimzelle werden Informationen abgegeben, die dann zur Eiweißbildung in Molekülen führen. Das ganze Geschehen in einem lebenden Körper beruht ununterbrochen auf Impulsen, durch die Signale und Informationen weitergegeben werden, die dann verschiedene Lebensäußerungen bewirken.

Wenn nun Presmann nachweisen konnte, daß die elektromagnetischen Felder der Erde Informationsträger sind, so wurde damit erstmalig der wissenschafltiche Beweis erbracht, daß kosmische Einflüsse die Informationssteuerung in einem lebenden Organismus mitbewirken.

Wer sich auch nur ein wenig mit kybernetischen Wirkungen beschäftigt hat, wird immer und überall auf die so faszinierende Tatsache stoßen, daß ohne Information Leben eigentlich ganz unmöglich ist.

Wird daher die Frage nach der Kausalität in der Astrologie gestellt, so kann diese in der heutigen Zeit wohl klar und deutlich für alleverständlich beantwortet werden. Es prägen die Rhythmen der elektromagnetischen Felder der Erde, die wiederum die großen Rhythmen des Alls widerspiegeln, das ganze irdische Leben mit ihrem Informationsgehalt. Wird ein Mensch geboren, dann taucht er in diese elektromagnetischen Rhythmen mit ihrem Infomationsgehalt ein, und sein ganzer Stoffwechsel wird dadurch geprägt, in einen bestimmten rhythmischen Takt gebracht. Da sich der Informationsgehalt dauernd ändert, auch örtlich vollkommen verschieden ist, so ergibt sich daraus die Einmaligkeit einer solchen kosmischen Prägung, die seit altersher durch das Geburtskosmogramm dargestellt werden kann. Wer auch immer die hier vorliegenden wissenschaftlichen Arbeiten studiert, wird diese Kausalität uneingeschränkt akzeptieren müssen.

In den letzten Jahren wurden immer wieder exakte wissenschaftliche Beweise erbracht, daß kosmische Rhythmen das irdische Leben bestimmen. Seit Prof. Dr. Herbert König, Vorstand der technischen Hochschule in München, in seinem Buch „Unsichtbare Umwelt" unter anderem auf die Arbeiten Presmans hingewiesen hat, sind intensive Forschungen eingeleitet worden, um den Ablauf rhythmischer Vorgänge zu analysieren. Ein ganz großes Rätsel freilich ist bis zum heutigen Tag nicht gelöst worden.

Es muß, diese Meinung wird allgemein vertreten, so etwas wie eine innere Uhr geben. Zum Beispiel schalten sich beim Beginn der Puberträt ganz plötzlich die Keimdrüsen in den ganzen Stoffwechsel ein. Was gibt dazu den Impuls, auf Grund welcher Anregung kommt es zu einem so entscheidenden Schritt?

Die innere Uhr bestimmt verschiedene Rhythmen, die man heutzutage kennt und die seltsamerweise mit dem Vierundzwanzigstundenrhythmus von Tag und Nacht nicht identisch sind. Hier werden mit hoher Wahrscheinlichkeit in den nächsten Jahren viele Fragen beantwortet werden. Wo freilich dieses Organ verborgen ist, das vom ersten Lebenstag an alles steuert, wird möglicherweise ein ewiges Geheimnis bleiben.

Ganz anders aber sieht die Erforschung der elektromagnetischen Felder des Menschen und seiner Organe aus. Schon vor vielen Jahren konnte man zum Beispiel das elektromagnetische Feld des menschlichen Herzens genau messen, seine Reaktionen auf die umgebende elektromagnetische Landschaft. Wenn zu bestimmten Zeiten viele Menschen Herzbeschwerden bekommen, die Zahl der Herzinfarkte in die Höhe schnellt, dann ist in diesem Zusammenwirken die entsprechende Erklärung zu finden.

Wenn Menschen an schweren Schlafstörungen leiden, mißgestimmt sind, Schmerzen empfinden und genaue Untersuchungen keine Erklärung bringen, dann sind sehr oft gestörte elektromagnetische Felder daran schuld.

Die Definition

Es ist nun sicherlich nicht schwer zu verstehen, welche Position die Astrologie innehat und wie man sie bewerten soll. Was den Genotypus des Menschen betrifft, so ergibt sich aus der Vererbungslehre und der Erforschung des genetischen Codes, daß im Augenblick der Konzeption die DNS-Stränge der Eltern kopiert werden. Es ist dies ein Vorgang, auf den die Umwelt keinen Einfluß hat und auch keinen Einfluß haben kann. Die Sequenzen der einzelnen Vererbungsbuchstaben werden sozusagen wortgetreu übernommen und damit der Bauplan für das neue Leben bestimmt. Es ist daher nicht zielführend, Konzeptionshoroskope zu erstellen, weil der genetische Faktor auf diese Weise nicht bestimmt werden kann.

Ganz anders aber verhält es sich mit dem kosmischen Einfluß bei der Geburt und im ganzen weiteren Leben eines Menschen. Hier treten Prägungen auf, die mehr oder weniger den Phänotypus des Menschen mitbestimmen. Da man hier durch Berechnungen diese Prägung genau zur Ansicht bringen kann, können auch bestimmte Aussagen gemacht werden.

Demnach ist

die Astrologie die Lehre von einem den Phänotypus mitbestimmenden Umweltfaktor!

Und

ein Geburtshoroskop zeigt den auf den Phänotypus einwirkenden kosmischen Faktor!

Klar und deutlich kommt damit zum Ausdruck, daß die Astrologie versucht, einen ganz bestimmten Umweltfaktor in seiner Bedeutung und Auswirkung zu erfassen, womit dann auch die Möglichkeit gegeben ist, zum Phänotypus, somit zu Verhalten, Form und Funktion bestimmte Aussagen zu machen.

Aus einem Geburtshoroskop kann man daher nicht alles herauslesen, wie dies ja leider so oft behauptet wird. Da der kosmische Einfluß nur *ein* Faktor ist, der den Phänotypus des Menschen bestimmt und es auch noch viele andere Faktoren gibt, so ist es absolut unrichtig, Behauptungen aufzustellen, wonach aus einem Geburtshoroskop der Lebenslauf eines Menschen in allen Details ersichtlich ist und jedes einzelne Lebensereignis exakt berechnet werden kann. Wenn dies alles immer wieder geschieht und sogar als Lehrmeinung vertreten wird, dann stehen solche Handlungen und Meinungen auf keiner wie immer gesicherten wissenschaftlichen Grundlage. Die Anerkennung der Astrologie als eine Naturwissenschaft kann nur dann erfolgen, wenn man ihre Grenzen genau festlegt. Sie ist die Lehre von einem Umweltfaktor, nicht mehr und auch nicht weniger.

Es ist nun sehr wahrscheinlich, daß die meisten Astrologen und Astrologinnen diese Begrenzung als eine unerhörte Verkleinerung ihrer Möglichkeiten ansehen, daß sie in der Astrologie mehr zu sehen glauben, ein alles umfassendes Wirken, das schicksalbestimmend ist und sowohl den Genotypus wie auch den gesamten Phänotypus bestimmt. Wer jedoch kritisch genug denken kann und vor allem sich mit astrologischen Zwillingen beschäftigt hat (gleicher Geburtstermin, gleicher Geburtsort, aber verschiedene Mütter und daher verschiedene Genotypen), der wird unschwer erkennen können, daß den Phänotypus Gene und Umwelt bestimmen und der Umwelteinfluß vielschichtig ist.

Sagt diese Definition zu wenig?

Im Gegenteil! Sie ist von einer schier ungeheuren Sprengkraft und erklärt erst so richtig, warum die Astrologie vielfach sogar wider besseres Wissen von so vielen Vertretern der verschiedenen Wissenschaften so vehement abgelehnt wird.

Bedenken wir doch, daß es in der heutigen Zeit zum Bemühen jedes Politikers, jeder Religion, jeder sozialen Einrichtung, jeder Gemeinschaft, jeder Forschung, ja der ganzen modernen Zivilisation gehört, dem Leben jedes einzelnen einen möglichst guten Rahmen für seine Entwicklung zu geben. In der heutigen Zeit werden zum Teil in den Staaten mit hohem technischem Niveau geradezu verschwenderische Aufwendungen gemacht, um jedes einzelne Leben vor irgendwelchen Beeinträchtigungen zu schützen. Es beginnt dies bei der Betreuung der schwanger gewordenen Frau und setzt sich über die Entbindung hinaus mit größtmöglicher Sorge um die Neugeborenen fort. Bildungsmöglichkeiten aller Art stehen vielfach kostenlos zur Verfügung, die Gemeinschaft hilft den Heranwachsenden in der Gegenwart in einem solchen Ausmaß, daß mit Recht behauptet werden kann, daß noch niemals eine heranwachsende Generation so viele Möglichkeiten hatte, das eigene Leben nach eigenen Wünschen zu gestalten.

Was auch immer dem Menschen schaden könnte, wird erforscht und möglichst beseitigt. Das alles zeigt eine solche Vielfältigkeit und Vielschichtigkeit, wie sie noch niemals in früheren Zeiten möglich gewesen ist.

Und da soll es keine Rolle spielen, daß Geburten unter Umständen unter besonders ungünstigen kosmischen Einflüssen stattfinden? Wenn man weiß, daß kosmische Faktoren einmal günstig, dann wieder ungünstig sein können, wie kann es dann verantwortet werden, daß man für einen Geburtstermin nicht die beste aller Möglichkeiten aussucht? Wenn das Lebensschicksal eines Menschen *auch* vom kosmischen Einfluß bei der Geburt abhängt und sich dementsprechend dann der Phänotypus entwickeln wird, dann ist es doch absolut unverantwortlich, daß in den modernen Kreißsälen kein mit astrologischer Software gespeicherter Computer steht und von einer Planetenuhr ständig die Konstellationen abgelesen werden können. Und dann müßte ja jede Hebamme, jeder Geburtshelfer astrologisch gebildet sein!

Diese Konsequenz ergibt sich aus der simplen Definition, wonach der kosmische Einfluß bei der Geburt durch ein Kosmogramm dargestellt werden kann und mit absoluter Sicherheit den Phänotypus des Menschen mitbestimmt!

Für jeden Einsichtigen ist es somit vollkommen klar, warum man sich allerorts so vehement weigert, sich mit den Forschungsergebnissen der modernen naturwissenschaftlichen Astrologie zu beschäftigen. Es würde dies ja kolossale Umstellungen erfordern. Wer könnte diese unter den gegenwärtigen Umständen in die Wege leiten?

Die Mechanismen des Lebens

Der siebenarmige Leuchter

Die Woche hat sieben Tage.

Diese Zeiteinteilung entstand vor mehr als viertausend Jahren im Reich der Babylonier und die einzelnen Wochentage wurden nach den bekannten sieben Planeten benannt. Auf der ganzen Welt ist diese Einteilung üblich, nur gelegentlich haben irgendwelche zumeist wahnwitzigen Revolutionäre daran etwas ändern wollen. Die Reihenfolge der Benennung der einzelnen Wochentage scheint aber auf den ersten Blick wenig Sinn zu haben. Es stellt sich ganz unwillkürlich die Frage, warum die Planeten hier in keiner scheinbar sinnvollen Anordnung als Namensgeber fungieren.

Montag – Tag des Mondes
Dienstag – Tag des Mars
Mittwoch – Tag des Merkurs
Donnerstag – Tag des Jupiters
Freitag – Tag der Venus
Samstag – Tag des Saturns
Sonntag – Tag der Sonne

Die Anordnung berücksichtigt nicht die Entfernung von der Erde, nicht die Größe der einzelnen Planeten (Sonne und Mond gelten in der astrologischen Lehre als Planeten), nicht deren Umlaufszeit, Helligkeit oder Farbe. Die Anordnung scheint ganz willkürlich zu sein, und hier muß unbedingt Zweifel aufkommen. Es steht ja außer Zweifel, daß dieses so geschlossene Weltbild der Chaldäer nicht von einem Tag zum anderen entstanden sein kann. Jahrhunderte hat man wahrscheinlich Erfahrungen gesammelt, den Himmel beobachtet und Auswirkungen auf die Erde zu erkennen versucht. Und dann war scheinbar ganz plötzlich die Siebenzahl da, diese „heilige Zahl" und mit ihr die Zuordnung der Planetenprinzipien zu den einzelnen Wochentagen. Man darf daher annehmen, daß hier ein Erfahrungswissen diese Einteilung ermöglicht hat. Diese Annahme wird bestätigt durch einen Kultgegenstand, der vor allem von den Juden des Altertums benützt wurde – sie haben ja als Erste die Wocheneinteilung der Babylonier übernommen –, nach heutiger Kenntnis aber auch von anderen Völkern. Dieser Kultgegenstand, der *siebenarmige Leuchter,* enthält sozusagen jenes Wissen, das einst zur Einteilung der Woche und Zuordnung der Planeten geführt hat. Obwohl die exakten wissenschaftlichen Fakten von heute damals ganz gewiß vollkommen unbekannt waren. Man darf annehmen, daß hier Inspirationen eine Rolle gespielt haben, die uns heute nicht mehr zugänglich sind.

Der siebenarmige Leuchter besteht aus drei Bögen und einem geraden Stab. Getreu der Tradition (die allerdings zum Teil heutzutage nicht mehr bekannt ist) waren die Spitzen der Bögen und des Stabes jeweils mit einer Kerze besetzt und hatten ihre Namen nach den Planeten. Der mittlere Stab trug die Kerze für die Sonne, links und rechts waren je drei Planeten angeordnet.

Überträgt man nun diese Einteilung auf die Wochentage, indem man in die Mitte die Sonne stellt, so sieht die Planetenreihe wie folgt aus:

Jupiter – Venus – Saturn – SONNE – Mond – Mars – Merkur

Verbindet man nun, wie dies beim siebenarmigen Leuchter der Fall ist, je zwei Planeten miteinander, so ergeben sich drei Planetenpaare. Nämlich (von der Sonne ausgehend) Saturn/Mond, Venus/Mars und Merkur/Jupiter. Doch hinter dieser so einfachen Einteilung und Zuordnung verbergen sich die Mechanismen des Lebens, die den Lebenslauf des Menschen und sein gesamtes Schicksal entscheiden. Erst in den Jahrzehnten nach dem Ende des Zweiten Weltkrieges ist von wissenschaftlicher Warte aus hier eine grundlegende Erkenntnis gewonnen worden, und mit einem entsprechend wissenschaftlichen Namen hat man eine Begriffsbestimmung vorgenommen.

Demnach kann man bei einem Menschen zunächst einmal sein unveränderliches Ichbewußtsein feststellen und das entspricht gemäß der astrologischen Lehre dem Sonnenprinzip. Es ist einmalig, isoliert und übergeordnet.

Dann aber verfügt der Mensch zunächst einmal über einen *instruktiven* Mechanismus, der Saturn und Mond zugeteilt ist. Dann bestimmen Venus und Mars den *integrierenden* Mechanismus und schließlich ist das Leben abhängig vom *intermediären* Mechanismus, gesteuert von Merkur und Jupiter. In der gesamten astrologischen Literatur ist niemals auf diese Mechanismen eingegangen worden, lediglich der Wiener Arzt und Astrologe Dr. Oskar Adler hat einmal andeutungsweise auf den siebenarmigen Leuchter hingewiesen, freilich ohne in ihm die Symbole für die Mechanismen des Lebens zu erkennen.

Für die Deutung eines Horoskopes, überhaupt für jede astrologische Beratung ist es unerläßlich, die Zusammenhänge dieser Mechanismen zu kennen. Keine einzige Deutungsregel, mag sie noch so zutreffend sein, kann letztlich die ganz tiefen Zusammenhänge erfassen, wenn man nicht in der Lage ist, bei der Analyse eines Horoskopes diese Mechanismen des Lebens richtig zu bewerten.

Aber nicht nur der Astrologe kann durch Kenntnis dieser Mechanismen die Charakterbestimmung besser durchführen. Jedermann sollte wissen, welche Bedeutung diese drei Mechanismen haben und wie entscheidend sie alles im Leben bestimmen.

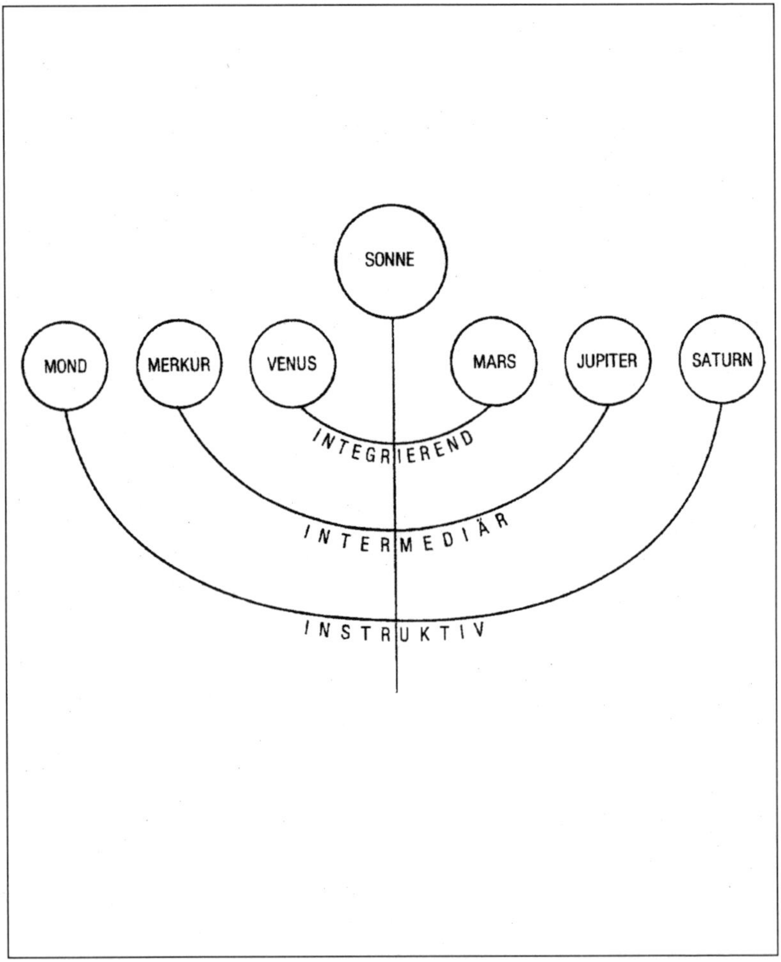

Der instruktive Mechanismus oder Vererbung und Anpassung

Der Mensch verfügt erstens über die starre Richtschnur der genetischen Information, die zufolge des in ihr enthaltenen Bauplan des Lebens seine ganze Entwicklung steuert. Diese genetische Information ist das Ergebnis einer über Jahrmillionen reichenden Existenz unserer-Vorfahren in der Biosphäre. Unendlich viele Einflüsse haben immer wieder Einfluß genommen auf das genetische Material und dieses geformt, wobei die Zeiträume, die für solche Veränderungen erforderlich sind, ungeheuer groß sind. Man nimmt an, daß sich am genetischen Code nur in einer Zeitspanne von mehr als zweihunderttausend Jahren etwas ändern kann.

Mit der starren Richtschnur der genetischen Information könnte aber kein Lebewesen erfolgreich den Kampf ums Dasein bestehen. Denn die Lebensverhältnisse ändern sich ja ständig, und es bedarf daher einer Anpassung an die jeweilige Umwelt. Das gilt für jedes Lebewesen und es ist immer eine Katastrophe, wenn eine solche Anpassung nicht gelingt.

Der Instruktive Mechanismus spiegelt also genau das wider, was den Phänotypus des Menschen prägt. Leben ist nur möglich, wenn sowohl der genetische Faktor wie auch die Einflüsse der Umwelt sich harmonisch verbinden zu einer entsprechenden Gestaltung des Phänotypus. Und das ist eben die Verbindung von Mond und Saturn, wie er im ersten Bogen des siebenarmigen Leuchters angezeigt wird.

Saturn verkörpert hier die Fähigkeit und die Bereitschaft des Menschen, den genetischen Faktor zu akzeptieren und die genetische Information nach besten Kräften zu nutzen. Niemand kann zwar so leben wie seine Vorfahren, jede Generation lebt mit den Umweltbedingungen, die sie eben vorfindet. Aber deswegen kann man die Vergangenheit nicht auslöschen. Die Schlacken der Herkunft haften an jedem Menschen und bilden einen festen Bestandteil seiner ganzen Existenz.

Wir können annehmen, daß im Erbgut alles enthalten ist, was die unübersehbare Zahl von Vorfahren erlebt hat. Sie mußten einen ungleich härteren Lebenskampf führen, haben gedarbt und gelitten, und das alles ist in den Genen verzeichnet und bildet letzten Endes den Hintergrund jeder Existenz. Vor allem ist im seelischen Bereich dies alles in der Tiefe sozusagen abgelagert, und ein Festhalten an Traditionen war wohl zu allen Zeiten eine wertvolle Stütze im Leben. Man hat früher einmal den Saturn den Hüter der Schwelle genannt. Er ist vom astrologischen Standpunkt aus gesehen der Bewahrer der Vergangenheit, der Hüter der Erbschlacken und unerläßlich notwendig, mag man noch so gerne den Blick nach vorne richten und wollen noch so viele die mahnenden Stimmen aus der Vergangenheit nicht hören.

Das Saturnerlebnis bleibt keinem Menschen erspart. Mit diesem Prinzip muß sich jeder Mensch immer wieder auseinandersetzen, immer wieder lebt man ja genau im Schnittpunkt zwischen Vergangenheit und Zukunft, und nach wie vor gilt der Satz, wonach der Mensch durch seine Vergangenheit strukturiert wird und durch Ziele in der Zukunft motiviert.

Schon aus diesen so einfachen Hinweisen kann man erkennen, daß der Saturn im Leben jedes Menschen eine ungeheure Rolle spielen muß. Daher ist es nun einmal, das lehrt die Astrologie, ein persönliches Schicksal von ungeheurer Wucht, wie man den Saturn, der das Geburtsbild geprägt hat, erlebt und verkraftet.

In der Natur ist der Beweis zu finden, daß Saturn und Mond eng miteinander verbunden sind und tatsächlich für das Leben einen entscheidenden Mechanismus verkörpern. Dem Saturn wird das Metall Blei zugeschrieben, dem Mond Silber. Tatsächlich findet man immer dort, wo Blei abgelagert ist, auch Silber und umgekehrt !

Der Mond steht nach astrologischer Lehre für das Prinzip der Anpassung und für das gesamte seelische Erleben. Und diese Anpassung erfolgt in erster Linie durch das vegetative System des Menschen, durch die Einheit von vegetativen Nerven und den enokrinen Drüsen. Je nach der Position des Mondes im Geburtshoroskop zeigt das Verhalten des vegetativen Systems lebenslang eine bestimmte Prägung, wobei im Laufe des Lebens aus der ursprünglich eher einfach angelegten vegetativen Reaktionsweise sich die Fülle der seelischen Aufnahmebereitschaft und aller seelischen Wirkungen ergeben.

Das vegetative System wurde erst in den vergangenen Jahrzehnten genauer erforscht, und man weiß heute, daß sozusagen ganz automatisch ununterbrochen die Tätigkeit des Stoffwechsels, der Herzaktionen und des Blutdrucks, aller wie immer gearteten Körperfunktionen sich im Rahmen vegetativer Anpassungsvorgänge abspielen. Diese sind dem menschlichen Willen und der gedanklichen Steuerung fast zur Gänze entzogen, und das ist ja auch eine grundlegende Notwendigkeit. Müßten wir zum Beispiel ständig gedanklich die Atmung steuern, würde dies wohl zu dauernder Behinderung führen. Nachts aber im Schlaf würden wir ersticken.

Der Mensch lebt nach seiner Geburt zunächst einmal nur vegetativ. Sein Dasein wird voll und ganz von Mondkräften bestimmt. Erst allmählich erfolgt die geistige Geburt, das Erwachen und damit das Erkennen der eigenen Person. Sehr langsam beginnt dann die Trennung zwischen dem Ich und der Umwelt; es ist bekanntlich eine ganz charakteristische Wendung, wenn erstmals das Wort „Ich" verwendet wird.

Was nun das Zusammenwirken von Mond und Saturn betrifft, die Funktion des instruktiven Mechanismus also, so läßt sich tasächlich schon mit einem Blick auf das Geburtshoroskop erkennen, wie es um diesen, den Phänotypus in seiner Funktion bestimmenden Faktor bestellt ist. Ganz gewiß ist es immer von einem ganz großen Vorteil, wenn Mond und Saturn in einem guten Winkel miteinander verbunden sind. Und es lehrt nun einmal die Erfahrung, daß sich im Leben immer wieder große Schwierigkeiten ergeben, wenn der Saturn viele böse Aspekte erhält und die Beziehung zum Mond gespannt ist.

Um aber von vornherein einem blinden Schicksalsglauben entgegenzuwirken, sei gesagt, daß negative Aspekte im Leben grundsätzlich nichts anderes bedeuten als Notwendigkeit zu vermehrten Bemühungen und Anstrengungen. Und daraus kann dann unter Umständen ein sehr erfolgreicher Lebensweg resultieren, denn es war ja wohl zu allen Zeiten von Nutzen, wenn man sich oft und viel angestrengt hat.

Der integrierende Mechanismus oder die Auseinandersetzung mit der Umwelt

Was ist Glück?

Man wird hier zwei Arten von Glück zu unterscheiden haben. Einmal gibt es den unverhofften, durch Zufall bedingten Glücksfall, wo durch irgendwelche Zuwendungen ganz plötzlich dem Leben in irgendeiner Weise eine Chance zur Verbesserung gegeben wird. Ob Erbschaft oder Lotteriegewinn, was auch immer im Leben eines Menschen einen Vorteil oder Nutzen bringen kann, den man nicht erwartet oder durch harte Arbeit erworben hatte, wird als Glücksfall bezeichnet. Es ist manchen Menschen beschieden, solcherart Glück mitunter zu erleben. Genaue Überprüfungen aber haben sehr oft bewiesen, daß solch ein Glück nicht von langer Dauer ist.

Dann gibt es ein Glücksempfinden, einen Zustand, den die Ärzte und Psychologen Euphorie nennen. Es sind dies die gute Stimmung, der Frohsinn, die Heiterkeit, der Optimismus und die Lebensfreude, kurz gesagt eine positive Einstellung zur Umwelt. Dieses Glück ist weitgehend unabhängig von materiellen Gütern und der Struktur der Umwelt. Es ist bedingt durch eine Einstellung zur Umwelt, die man mehr oder weniger als gut, richtig, vorteilhaft oder auch bloß als angemessen empfindet.

Ist es nicht so, daß ein und dieselbe Situation von Menschen ganz verschieden intensiv erlebt wird? Kann es nicht sein, daß die einen irgendein Ereignis als positiv bewerten, andere aber negativ? Ist es nicht so, daß jede Form des Erlebens vollkommen individuell erfolgt, und hier die allergrößten Variationen möglich sind?

In der Astrologie wird die Venus das „kleine Glück" genannt. Sie ist der eine Teil des integrierenden Mechanismus, der erstens das Empfinden und Erleben des Menschen bestimmt und zweitens auch die sich daraus ergebenden Handlungen. Die Venus im Geburtshoroskop zeigt an, wie ein Mensch seine Umwelt in der Gegenwart erlebt. Wie er sich zu dem stellt, was im Augenblick die Beziehung des Menschen zu seiner Umwelt gestaltet. Die Venus bestimmt die Aufmerksamkeit für gegenwärtige Umstände, sie ist das Maß der Aufnahmebereitschaft und Hingabefähigkeit.

Wie vielfältig ist allein die Summe von Erlebnissen an einem einzigen Tag. Da ist die Arbeit, die erledigt werden muß, da ist eine Ruhepause, die den Ablauf von Arbeiten unterbricht. Hier ist die Einnahme von Mahlzeiten, dort wiederum eine Diskussion mit Freunden oder Bekannten. Was auch immer während eines Tages geschieht, erfordert eine Einstellung gerade auf diesen Augenblick, in dem eben etwas geschieht.

Sitzt man in einem Konzertsaal, dann sollte man alles, was den Alltag bestimmt, abschalten und sich ganz der Musik hingeben. Sitzt man an einem gedeckten Tisch und die Speisen werden aufgetragen, dann sollte man sich des guten Essens freuen und das genießen, was eben serviert wird. Hat man ein gutes Buch zur Hand und kann man sich zum Lesen die nötige Ruhe gönnen, dann lasse man sich nicht ablenken und die gewonnenen geistigen Anregungen können ungemein nützlich sein. Hat man das Glück eines innigen Beisammenseins mit einem Partner, den man liebt, dann stelle man sich ganz auf diese Beziehung ein und lasse sich durch nichts ablenken.

Womit durch diese einfachen Beispiele das Prinzip, um das es hier geht, ausreichend angedeutet ist. Venus bestimmt die Erlebnisfähigkeit und das Erfassen des gegenwärtigen Augenblicks und damit die Fähigkeit, sich diesem Augenblick hinzugeben. Woraus sich sofort ableiten läßt, daß Glück und Zufriedenheit eben dann dem Menschen beschieden sind, wenn er immer in der Lage ist, die gegenwärtige Situation seiner Umwelt harmonisch zu erleben. Oder wie man auch sagen kann, den Augenblick zu nützen, im erweiterten Sinn den Tag zu nützen, wie dies schon die alten Römer gefordert haben.

Nun gibt es bekanntlich Menschen, die behaupten, sie hätten im Leben noch niemals Glück gehabt. Man wird bei solchen Behauptungen an Napoleon, den großen Imperator erinnert, der bei der Bewertung eines Offiziers, dem er ein Kommando übergeben wollte, nach dessen Eigenschaften fragte und auch wissen wollte, ob dieser auch Glück habe. Denn – und dies lehrt nun einmal die Lebenserfahrung – Glück ist eine Eigenschaft wie blonde Haare, grober Knochenbau, blaue Augen oder sonst ein Merkmal. Man hat Glück oder man hat kein Glück.

Freilich, so schematisch wird man das nicht sagen können, aber die Aussage, man habe niemals Glück gehabt, hängt weitgehend mit der Tatsache zusammen, daß sich Menschen zu falscher Zeit am falschen Ort etwas erwarten oder erleben wollen, was eben gerade in diesem Zeitpunkt nicht möglich ist. Bei harter Arbeit darf man nicht daran denken, daß vielleicht andere jetzt auf Urlaub sind und es sich gut gehen lassen.

Bei einem guten Essen darf man nicht über alle vorhandenen Leiden und Krankheiten diskutieren, und in einer Stunde der Liebe ist es nicht angebracht, sich über wirtschaftliche und finanzielle Probleme Gedanken zu machen.

Es gibt Menschen, die können sich beim Erleben der Gegenwart nicht von Eindrücken aus der Vergangenheit befreien, und andere wiederum denken immer an das Morgen und Übermorgen. Verlangt aber wird immer, um eben die Gegenwart richtig erleben und erfassen zu können, eine Abgrenzung sowohl der Vergangenheit wie auch der Zukunft gegenüber.

Eine gut gestellte Venus gibt diese Fähigkeit, wobei eben eine im materiellen Zeichen stehende Venus mehr das Erleben der Realität, die Wasservenus die Schwingungen der Gefühle, die Luftvenus das spirituelle Erfassen und die Feuervenus die damit verbundene Aktivität akzentuiert. Die Erfahrung lehrt, daß man durch Erziehung und Selbstkontrolle doch auch die Erlebnisfähigkeit der Venus beeinflussen kann.

Man kann diese Tatsache nicht oft genug betonen:

Niemals hat auf dieser Erde irgendetwas dauernden Bestand. Immer gibt es etwas Neues, erfolgen Umschichtungen aller Art, verändert sich die Umwelt und damit auch die Beziehung zwischen dem Menschen und den ihn umgebenden Verhältnissen. Immer führt der Lebensweg des Menschen durch eine andere Landschaft, verändern sich die Wegverhältnisse und ist auch die Begleitung auf diesem Lebensweg größten Veränderungen unterworfen. Einmal geht man lange Wegstücke allein, dann wiederum in guter Gesellschaft.

Das Ausmaß der Veränderungen läßt niemals eine Gleichförmigkeit erkennen. Es gibt sozusagen ruhige Zeiten, dann wiederum Hektik und Unruhe mit Belastungen und starken Herausforderungen. Und dies muß eben jeder Mensch verkraften können, mit dieser so grundlegenden Tatsache, daß sich die Wirklichkeit immer wieder ändert, muß der Mensch fertig werden. Nur dann wird es ihm gelingen, das richtige Verhältnis und die richtige Beziehung zur Umwelt zu finden.

Mars ist nun jene kosmische Kraft, die es dem Menschen ermöglicht, verändernd in die Umwelt einzugreifen. Der Krieg, so formulierte einst Heraklit, ist der Vater aller Dinge. Und Mars steht mit seiner roten Farbe für dieses Prinzip, für die fortschrittlichen, zerstörenden und neu gestaltenden Kräfte. Nur mit Hilfe der Marskräfte kann sich der Mensch in die Umwelt richtig einbauen, kann er sich in der Biosphäre, die dem Menschen zugewiesen ist, behaupten.

Daß Mars auch den Sexualtrieb beherrscht, ist verständlich. Denn mit dem Erwachen der Sexualfunktionen wird der Mensch gedrängt, sich in die Umwelt zu integrieren, er muß früher oder später Partner suchen und finden, sollen seine Marskräfte nicht nutzlos vergeudet werden.

Worte und Schriften, Gedanken und Gefühle, Theorien und Pläne, allen voran aber Taten aller Art geben dem Menschen die Möglichkeit, sich in die Umwelt einzubauen oder wie man heute sagt, zu integrieren.

Ein Wort kann die Welt verändern, man sollte sich auch dieser Tatsache bewußt sein.

Es sollte daher jeder Mensch genau wissen, wie das eigene Marsprinzip beschaffen ist. Denn dann weiß man, wo die eigene Stärke liegt und es ist einfacher, den im Leben notwendigen Integrationsprozeß zu bewältigen.

Gibt Venus das Erleben, so steht Mars für die damit verbundene Notwendigkeit des Handelns. Ob Wort oder Gedanke, Gefühl oder Tat, alles kann durch das Marsprinzip die Umwelt verändern. Ein für jeden kundigen Astrologen typisches Beispiel dafür ist die seelische Gewitterstimmung, die Menschen mit Mars im Krebszeichen erzeugen können. Irgendetwas hat jemand mit diesem Marsprinzip erlebt, das die Seele in Schwingungen versetzt hat. Es wird nichts gesprochen, es wird nichts getan. Und doch verändert die Stimmung die Umwelt, sodaß beispielsweise die Familienangehörigen – ohne genau zu wissen, warum – auf Zehenspitzen herumgehen und kein Wort zu sagen wagen.

Mars in den Feuerzeichen imponiert vor allem durch die Kraft der Entscheidungen. Wie schon Shakespeare im Drama „Hamlet" sagen ließ, wird die Farbe der Entschließung durch der Gedanken Blässe angekränkelt. Das heißt, je mehr man überlegt, umso weniger ist man fähig, eine klare Entscheidung zu treffen. Mit Mars im Feuerzeichen fehlen aber diese Bremsen durch die Gedanken, es wird, wie man oft zu sagen pflegt, unüberlegt gehandelt. Und doch, ist es nicht so, daß zum Beispiel in einer Katastrophensituation rasch und zielstrebig gehandelt werden muß? Bedarf es nicht immer jener Marskräfte im Zusammenleben, wo rasche Entscheidungen notwendig sind?

Mars in den Luftzeichen sucht zu differenzieren zwischen richtigem und falschem Handeln. Das Gesamtgebiet des Geistigen wird immer wieder durchgepflügt, Gedankenkritik und Erkenntniskritik bestimmen das Verhalten. Es kann einem Menschen mit Mars in einem Luftzeichen außerordentlich schwerfallen, endlich einmal eine klare Entscheidung zu treffen. Oft klammern sich solche Menschen an Mitmenschen und sind froh, daß diese die Entscheidungen abnehmen!

Bei Mars im Wasserzeichen des Geburtshoroskopes ist der seelische Bereich das Aktionsfeld der Marsenergien. Es kann der Leidenschaft in jeder Form der breiteste Raum eingeräumt sein. Eigene Leiden und Freuden können auf andere übertragen werden, persönliche Macht wird durch Gefühlsstimmungen erweitert. Mars in den Wasserzeichen, vor allem im Skorpio, kann den Mitmenschen durch ein oft hohes Maß an Mitleidslosigkeit harte Wunden zufügen. Mars in den Wasserzeichen drängt immer wieder zu einer Protesthaltung, der integrierende Mechanismus ist damit oft genug harten Belastungen ausgesetzt.

Was nun Mars in den Erdzeichen betrifft, so muß man sich einmal überlegen, was denn eigentlich unter einer Realitätsebene zu verstehen ist. Jeder Mensch hat seine eigene Wirklichkeit, jeder Mensch hat sein gerade für ihn spezifisches Verhältnis zu Realität. Diese Ebene, auf der sich ein Mensch befindet und die ihn umgebende Wirklichkeit werden geprägt durch das Erleben. Menschen, die Gleiches mitgemacht haben, besitzen auch die gleiche Realitätsebene. Wie sie sich aber dazu stellen, wie sie mit ihr fertig werden und wie sie alle Umstände der Realitätsebene verkraften, das bestimmt der Mars im Geburtshoroskop.

Mars in einem Erdzeichen setzt den Entschluß in die Tat um. Die Daseinsberechtigung wird am Wert der Taten gemessen. Hier wird sichtbar, was ein Mensch arbeitet, leistet, hier läßt sich sein gesamtes Handeln mit physikalischen Maßstäben messen. Die getane Arbeit ist von Bedeutung, sonst nichts. Andere mögen überlegen und Absichten kundtun, Wünsche äußern oder sich in Wogen der Gefühle verbergen, die Menschen mit einem Erdmars gehen an die Arbeit. Die Kräfte des Mars in einem Erdzeichen bedingen die ganze Wucht des Schaffens.

Bei der Bestimmung des Lebensweges eines Menschen muß man also das Verhältnis Venus zu Mars genau analysieren. Hingabe und Handlung, Erleben und Reagieren, diese beiden Pole werden durch den integrierenden Mechanismus bestimmt.

Gerade bei diesem Mechanismus wird besonders deutlich, in welchem Umfang die gesamte Umwelt hier bestimmend ist. Ist im Geburtshoroskop eines Menschen der integrierende Mechanismus voll Spannungen, dann muß dies nicht unbedingt zu Lebensschwierigkeiten führen. Es kann zum Beispiel die Umwelt so solide und wenig belastend sein, der Einbau in die Umweltbeziehung so reibungslos erfolgen dank einer zielführenden Erziehung und Lebenspartnern, die helfen, sodaß es lebenslang kaum Schwierigkeiten gibt. Andererseits kann auch ein sehr guter integrierender Mechanismus sozusagen versagen, wenn die Umweltbelastungen zu groß sind.

Auffällig aber ist immer die sogenannte Konjunktion von Venus und Mars. Findet diese im Geburtshoroskop zusätzlich gute Aspekte, dann ist der Lebensweg zumeist sehr gerade und frei von schweren Schicksalsschlägen. Es besteht ja dann eine völlige Harmonie zwischen den beiden Polen des integrierenden Mechanismus.

Der intermediäre Mechanismus oder Erfahrung und Wissen

Ausgestattet mit einem von den Eltern stammenden Erbgut wird der Mensch in die Biosphäre gestellt, in der er sich nun behaupten muß. Um diesen Lebenskampf zu führen, bedarf es nun jener Wechselwirkung, ohne die ein Leben in eigenständiger Gestaltung nicht möglich ist. Denn die Umwelt ändert sich ständig und die Kontaktaufnahme zu ihr erfordert eine ununterbrochene Bereitschaft, Impulse, Signale aller Art, Informationen im breitesten Sinn des Wortes aufzunehmen. Der Mensch muß seine Umwelt verstehen können, er muß gemachte Erfahrungen auch verwerten können. Um dies zu erreichen ist ein zweifaches Prinzip notwendig. Vom Individuum gehen ununterbrochen Funktionen aus, die nach Verbindungen in der Umwelt suchen, nach Orientierungen und Erkenntnissen. Diese Funktionen sind egofugal, also vom Ich ausgehend hinaus in die Umwelt.

Auf der anderen Seite aber strömen dem Individuum Informationen zu, gelangen in die Gehirnregion, aber auch in andere Teile des Körpers und werden dort aufbewahrt. Diese zum Ich strömenden Informationen sind demnach egopetal und ermöglichen das, was man allgemein als Gedächtnis bezeichnet. Die Speicherung der Informationen führt zum Wissen und bei manchen Menschen zur Weisheit, zu einem Erfahrungsschatz, der durch seine Größe und Harmonie imponiert.

Die Planetenprinzipien, die hier die Steuerung des Informationsaustausches und der Informationsspeicherung im Leben des Menschen bewirken, sind Merkur und Jupiter.

Merkur ist der kleinste Planet im Sonnensystem. Er kann sich nie weiter als 28 Grad von der Sonne entfernen und befindet sich daher immer in Sonnennähe. Er kann in einem Geburtshoroskop im gleichen Zeichen wie die Sonne stehen oder jeweils in den Nachbarzeichen. Jupiter wiederum ist der größte Planet unserer Sonnenwelt, er hält sich im Durchschnitt jeweils ein Jahr lang in einem Tierkreiszeichen auf, und seine Aspekte zu anderen Planeten haben einen großen Einfluß auf die Zeitströmungen, die Qualität der Zeit mit ihren oft beträchtlichen Schwankungen.

Merkur gibt die Möglichkeit, sich allerorts Informationen zu holen und zumeist auf Grund ausgesandter Informationen als Antwort wieder Informationen zu empfangen. Da nun der Merkur wie ja auch jeder andere Planet in einer der vier Qualitäten des Tierkreises (Erde, Wasser, Luft und Feuer) stehen kann, so ist denn auch die Qualität dieser Informationsverbindungen von jener Sphäre bestimmt, in der sich der Merkur im Geburtshorokop befindet.

Mit Merkur in einem Erdzeichen beziehen sich die Informationen auf die reale Welt, mit Merkur in einem Wasserzeichen will man wissen, wie etwas entsteht, woher die Dinge des Lebenskommen und dem gesamten Denken wird durch Einfälle der Vorrang eingeräumt. Der Merkur in einem Feuerzeichen stellt immer wieder die Frage nach dem Sinn des Lebens, und daraus ergeben sich dann ethische und religiöse Betrachtungen. In einem Luftzeichen regt der Merkur das rein theoretische Denken an, es wird nach dem Richtigen und Falschen gesucht, und das Spiel mit Begriffen fördert das logische Denken.

Gäbe es nun das Jupiterprinzip nicht, dann wäre ja jeder Informationsaustausch vergeblich. Denn dann wäre dies ja nur im Augenblick wirksam und könnte dem Menschen nicht lebenslang nützlich sein. Durch die Tatsache aber, daß der Mensch – und jedes andere Lebewesen! – in der Lage ist, Informationen zu speichern und sie nutzbar zu machen, wenn er sie braucht, gewinnt dieser intermediäre Mechanismus seine lebensentscheidende Rolle.

In der Sprache der Astrologen verkörpert der Jupiter das Prinzip der Assimilation. Soweit es den intermediären Mechanismus betrifft, bewirkt das Jupiterprinzip eine ständige Vermehrung von Informationen, Erfahrungen und Erkenntissen. Das alles formt sich im Laufe des Lebens zu einem immer größeren Wissen, das dann den sogenannten Brennpunkt der Informationsmenge darstellt. Ohne scharfe Grenzen steht diese zur Welt des Glaubens, deren Größe von der Qualität des Jupiters abhängig ist. Wissen und Glauben sind die geistigen Besitztümer des Menschen, aus denen auch eine zukunftsgerichtete Hoffnung resultiert. Das Wissen, der Glaube und die Hoffnung mit ihrem Optimismus werden also vom Jupiter beeinflußt.

Es verdient erwähnt zu werden, daß in einer Zeit, in der zumindest die Menschen in der westlichen Welt in einem satten Wohlstand leben können, das Jupiterprinzip nicht mehr jene Rolle spielen kann wie in früheren Zeiten. Was müssen Menschen früher einmal empfunden haben, deren Leben ununterbrochen von Seuchen, Kriegen, Hunger, dauerndem Mangel und Not, vor allem einer unüberwindbaren Armut gekennzeichnet war! Die Menschen gingen in all den Jahrtausenden durch ein Jammertal der Tränen und haben niemals den Glauben an eine höhere Macht und Gnade verloren. Immer wieder fanden sie die Kraft, auf den Trümmern einer Existenz neu aufzubauen, sie führten einen harten Lebenskampf und gaben hoffnungsvoll das Leben weiter. Muß nicht in einer Zeit, wo ein fast kindisches Streben nach Glück gleichbedeutend ist mit Erwerb und Besitz von immer mehr Geld, es mehr und mehr unmöglich werden, das Jupiterprinzip zu begreifen? Oswald Spengler hat einmal echte Kultur gleichgesetzt mit Religion und diesem Begriffspaar die Zivilisation und die Abkehr von der Religion gegenübergestellt. Jupiter als höchstes Glaubens- und Wissensprinzip muß daher in einer Welt fehlender Religiosität und immer größerer Gedankenlosigkeit, echtem Nichtwissen bei immer größerer Gier nach materiellen Gütern seine Kraft verlieren.

Mit guten Jupiterkräften aber kann der Mensch gewaltige Kräfte an Wissen und Glauben mobilisieren. Es ist eine Erfahrungstatsache, daß in einer Partnerschaft eine gute Jupiterverbindung, also eine Gemeinsamkeit an Jupiterkräften zu einer innigen Herzensbindung führt und diese höchstes Glück schenken kann. Besitzt ein Mensch dank eines gutgestellten Jupiters in seinem Geburtshoroskop eine Fülle von Wissens- und Glaubenskräften, waltet in seinem Wesen darüber hinaus ein entsprechendes Potential an Optimismus und Hoffnung, dann kann ein Lebenspartner mit einem gleich gut gestellten Jupiter zum Mitbesitzer dieser Kräfte werden.

Das Gegensatzpaar Jupiter und Merkur, dieser intermediäre Mechanismus, ist in der Gegenwart von einer immer größeren Bedeutung. Denn wer sich nicht ausreichend informieren kann und sein Wissen nicht gebraucht, hat kaum Chancen, im Lebenskampf erfolgreich bestehen zu können. Daß sich immer mehr Menschen unsicher und nervös fühlen, geht fraglos auf die Tatsache zurück, daß der intermediäre Mechanismus sozusagen nicht funktioniert.

Das ist der Fall, wenn Merkur und Jupiter in ungünstigen Winkeln zueinander stehen, die Kraft des einen oder anderen Planeten zu schwach ist und dauernd Störungen erfolgen. Wie später an Hand der Planetenperioden gezeigt wird, hat jeder Mensch eigentlich nur in den ersten zwei Lebensjahrzehnten die Möglichkeit den Intermediären Mechanismus so zu kräftigen, daß dann der Einbau in das Biosystem harmonisch erfolgt.

Es müssen erstens seitens der Umwelt die entsprechenden Möglichkeiten gegeben sein, Informationen zu erhalten. Dies zeigt die ungeheuer große Verantwortung der Politiker, die durch das Schaffen gesetzlicher Grundlagen eine gediegene Grundlage für ein möglichst umfassendes Wissen zu sichern haben. Was vor hundert Jahren in den Schulen gelehrt wurde, kann heutzutage nicht mehr genügen, um die eigene Umwelt zu verstehen und in ihr zu leben. Eine Schulbildung muß erstens eine breite Grundlage des Wissens bewirken und zweitens die Möglichkeit offenhalten, darüber hinaus ein Spezialwissen zu erwerben. Daß dies nur durch harte Arbeit möglich ist, braucht nicht gesondert erwähnt zu werden. Schulreformen, die den Wünschen von Eltern und Schülern nach möglichst geringer Belastung und Reduktion des Lernstoffes entgegenkommen, sind im höchsten Maße verantwortungslos.

Zweitens aber muß sich jeder Mensch selbst bemühen, von den Bildungsmöglichkeiten Gebrauch zu machen und möglichst viel zu lernen. Daß hier durch erzieherische Maßnahmen oft nachgeholfen werden kann und muß, ist ja verständlich. Man muß das Lernen lernen und die Kenntnis, in welchem Zeichen und wie aspektiert Merkur im Geburtshoroskop steht, kann mithelfen, die richtige Lerntechnik zu finden. Es ist mit Sicherheit möglich, durch entsprechende Belehrungen das Merkurprinzip und das Jupiterprinzip im Rahmen des intermediären Mechanismus zu stärken. Dies wurde zum Beispiel früher einmal gleichsam durch Auswendiglernen trainiert. Es ist seltsam genug, daß in den Schulen heutzutage fast keine Gedichte mehr auswendig zu lernen sind, offenbar haben die Pädagogen die Wechselwirkung des Merkurprinzips (Informationen sammeln) und Jupiterprinzips (Informationen speichern) nicht begriffen.

Wir leben in einer Zeit, in der sich die Umwelt in geradezu unheimlichem Tempo verändert. Durch technische Einrichtungen vor allem ändern sich die Lebensgewohnheiten, und es bedarf angespannter Geisteshaltung, immer das, was notwenig ist, auch erfassen und verstehen zu können. In diesem Zusammenhang muß man aber auch feststellen, daß der Mensch einer sogenannten Informationsüberflutung ausgesetzt ist, die er nur schwer geistig kanalisieren kann. Das heißt, er kann den überwiegenden Teil der Information, die seine Sinnesorgane aufnehmen, überhaupt nicht gedanklich verwerten. Hier wird man ganz besonders auf das Fernsehen hinzuweisen haben. Die Menschen sitzen oft viele Stunden vor dem Bildschirm, und eine Unzahl von Informationen werden durch Augen und Ohren aufgenommen. Der Verstand hat gar nicht die Möglichkeit, sie zu ordnen und richtig zu speichern, sodaß sie im Gedächtnis verhaftet bleiben. Man wird hier von einer gewissen Pathologie des Zeitgeistes sprechen müssen. Zuviele Informationen verdünnen sozusagen die Denkkraft, einem Zuviel an Merkurprinzip steht ein Zuwenig an Jupiterkräften zur Verfügung.

Ein Vergleich aus der Physik sei gestattet:

Das Gesetz von Boyle-Mariotte besagt, daß Druck und Volumen konstant sind bei gasförmigen Körpern. Ist ein Gas in einem Hohlraum eingeschlossen, dann übt es auf die Begrenzung einen bestimmten Druck aus. Wird das Volumen vergrößert, dann verringert sich der Druck. Umgekehrt wird der Druck auf die Oberfläche immer größer, je mehr das Volumen verringert wird.

Überträgt man dies auf den intermediären Mechanismus, dann kann folgender Vergleich gezogen werden. Die Denkkraft eines Menschen ist individuell verschieden, aber doch feststehend. Ist die Zahl der Informationen klein, dann ist das Denken konzentriert, strömen dem Gehirn aber immer mehr Informationen zu, dann verdünnt sich das Denken, weil sich der Denkapparat aufbläht. Zuviel Merkur schwächt den Jupiter, zuviel Jupiter ist zuwenig Merkur. Das richtige Verhältnis zu finden, setzt die Kenntnis dieses intermediären Mechanismus voraus.

Die Perioden des Lebens

Mondperiode	1 bis 6 Lebensjahr
Merkurperiode	7 bis 14 Lebensjahr
Venusperiode	15 bis 24 Lebensjahr
Sonnenperiode	25 bis 42 Lebensjahr
Marsperiode	43 bis 56 Lebensjahr
Jupiterperiode	57 bis 70 Lebensjahr
Saturnperiode	71 bis Lebensende

Die Perioden nach Ptolemäus

Man kann das menschliche Leben, je nach Gesichtspunkt, immer in verschiedene Abschnitte einteilen. „Kind, Erwachsener, Greis" berücksichtigt oberflächlich den An- und Abbau von Körpersubstanz, „Schüler, Berufstätiger, Rentner" hingegen die Lebensarbeit. Die Erkenntnis jedoch, daß der Lebensweg eines Menschen auch nach wechselnd kraftvollen Einflüssen durch die Planeten beeinflußt wird, ist in der heutigen Zeit weitgehend unbekannt, obwohl es doch sicherlich eine ganz große Bereicherung des Wissens gewesen sein muß, als man diese Zusammenhänge erkannt hat. Der Mann nun, der in einer exakt geordneten Form diese, gewiß weit in die Vorzeit zurückreichenden Zusammenhänge erstmalig schriftlich fixiert hat, ist der ägyptische Astronom Ptolemäus.

Er war sicherlich einer der größten Denker der Menschheit. Ein umfassendes Wissen strahlt aus seinen Werken, seine astronomischen Werke haben zum Teil auch am heutigen Tag noch Gültigkeit. Er wurde etwa einhundert Jahre nach Beginn der christlichen Zeitrechnung geboren und zu dieser Zeit flossen in Ägypten die römischen, griechischen und ägyptischen Kulturen zusammen, und es war Ptolemäus, der alles vereinheitlichte und geordnet hat.

Neben der Astronomie widmete sich Ptolemäus auch der Geographie und beschrieb in einem achtbändigen Werk die Erde, soweit eben damals Kenntnisse vorhanden waren. Wenn man bedenkt, wie schwierig es damals gewesen sein muß, ein Buch zu schreiben, vorher aber alle dafür notwendigen Erkenntnisse zu sammeln, dann kann man sein Lebenswerk nur bestaunen. Interessant ist, daß man über seinen Aufenthaltsort, sein Leben und den Umgang mit seinen Mitmenschen nur wenig weiß. Nur seine Bücher künden von seiner Existenz und bewirken, daß er als einer der ganz Großen der menschlichen Geschichte eingestuft wird.

Es ist sicher lohnend, einmal darüber nachzudenken, wie denn eigentlich astrologisches Wissen erworben werden konnte. Notwendig dazu war doch ohne Frage zunächst einmal die Erkenntnis, daß sich der Himmel, der gestirnte Nachthimmel immer wieder verändert und die beiden Himmelslichter, nämlich Sonne und Mond, im Laufe des Jahres verschiedene Positionen einnehmen. Von diesen Veränderungen aus nun auf Einflüsse auf die Natur zu schließen, erforderte doch sicherlich nicht nur eine ungeheure Beobachtungsgabe und Aufmerksamkeit, sondern auch in irgendeiner Weise die Möglichkeit, einmal Erkanntes weiterzugeben, Erfahrungen der nächstfolgenden Generation zu schenken. Vergessen wir nicht, daß es keine Bibliotheken im heutigen Sinne gab, keine Bücher, Zeitungen, keine technischen Möglichkeiten, Wissen zu speichern, wie dies heutzutage durch die Computer möglich geworden ist.

Wenn beispielsweise die Chaldäer in das Rampenlicht der Geschichte eintraten, bereits exakte Kenntnisse über den Lauf der Planeten besaßen und damit auch rechnen konnten, so haben sie dieses Wissen ja nicht sozusagen von gestern auf heute erworben. Sie haben nur das zusammengefaßt, was im Laufe von Jahrtausenden beobachtet wurde und das alles zu einem System vereinigt.

Gleiches kann man nun zu der Erkenntnis des Ptolemäus sagen, wonach das menschliche Leben periodenweise von einem ganz bestimmten Planeten besonders beeinflußt wird. Seine Planetenperioden können in wunderbarer Weise die Wechselfälle des Lebens erklären, wenn man genau weiß, welche Funktionen die einzelnen Planetenprinzipien haben. Und man wird wohl festzuhalten haben, daß bei genauem Studium jedermann die verblüffende Entdeckung machen wird, daß die von Ptolemäus gemachten Einteilungen sich mit den Realitäten des Lebens decken. Die Planetenperioden erklären auch, warum es oft im Leben so schier unglaubliche Wechselfälle gibt, wie auf schlechte Zeiten wieder gute kommen und umgekehrt. Die Kenntnis der Planetenperioden aber ist auch für astrologische Prognosen gut verwertbar. Kann man doch oft mit einem Blick auf ein Geburtshoroskop sagen, daß eine bestimmte Lebensperiode besonders gut bestrahlt sein wird.

Blickt man auf die Zeitdauer der jeweiligen Planetenperiode, erkennt man wohl mit einigem Staunen die Ungleichheit. Dafür gibt es bis zum heutigen Tag keine Erklärung, man kann sich lediglich auf die Lebenserfahrungen verlassen. Und da kann man schon sehr oft mit Deutlichkeit nach kurzen Überlegungen erkennen, daß diese Zeiteinteilung stimmt. Wenn auch sicherlich die Grenzen von der einen Planetenperiode zur anderen nicht sehr scharf sein mögen.

Dem Autor dieser Zeilen hat das Verständnis für die Planetenperioden ein Fall aus der Praxis nähergebracht. Ein Knabe litt in den ersten

Lebensjahren immer wieder an schrecklichen Erstickungsanfällen. Die Verkrampfungen im Kehlkopf waren einige Male so stark, daß sofort nach der Spitalseinlieferung ein Luftröhrenschnitt gemacht werden mußte. Narbe an Narbe reihte sich am Hals und es gelang nicht, die Anfallsbereitschaft zu beseitigen. Durch die oftmalige Atemnot blieb der Knabe auch im Wachstum erheblich zurück und war dauernd kränklich.

Unmittelbar vor Schulbeginn war mit einem Schlag die ganze Atemnot verschwunden, es kam zu einem geradezu stürmischen Gedeihen. Die Schulerfolge waren glänzend und auch der weitere Lebensweg überaus erfolgreich. Die Erstickungsanfälle wiederholten sich nicht mehr.

Im Geburtshoroskop fand sich ein überaus verletzter Mond, übel aspektiert und schwach. Die dadurch gelenkte Mondperiode war für die Entwicklung nicht günstig, ja sie brachte sogar immer wieder akute Lebensgefahr.

Bei der Deutung eines Geburtshoroskopes wird man wohl immer auf die jeweilige Planetenperiode, in der eine astrologische Beratung stattfindet, Rücksicht nehmen müssen. Rückblickende Aussagen sind oft mit hoher Trefferzahl möglich, man braucht ja nur den kosmischen Zustand und die lokale Determination der sieben klassischen Planeten zu analysieren.

Zwei grundlegende Begriffe

Die Kraft der Planeten und deren Auswirkungen auf das menschliche Leben hängen nach astrologischen Erfahrungen von zwei Umständen ab. Diese mit größtmöglicher Genauigkeit zu untersuchen, gibt erst die Möglichkeit, eine Planetenperiode zu verstehen und zu deuten. Die hier zu verwendenden Begriffe sind in der astrologischen Literatur einige Male definiert worden, dürften aber dennoch nicht allgemein bekannt sein.

Die Wirkung der Planeten in den verschiedenen Zeichen kann sehr verschieden sein. Da es zwölf Tierkreiszeichen gibt, so muß man sich über die Position eines Planeten in einem bestimmten Zeichen genau Kenntnis verschaffen und auch über die dabei vorhandenen Beziehungen zu anderen Planeten.

Aus der astrologischen Erfahrung heraus abgeleitet, hat ein Planet in einem oder zwei Zeichen sein Domizil, das heißt, seine Kraft und Wirkung kommt unverfälscht zur Geltung. Im Gegenzeichen sind jedoch Kraft und Wirkung weitgehend verändert. In den anderen Zeichen kann ein Planet verschieden stark und wirksam sein. Die Zuordnung der Planeten zu den verschiedenen Tierkreiszeichen sieht so aus:

Mond	Krebs
Merkur	Zwillinge und Jungfrau
Venus	Stier und Waage
Sonne	Löwe
Mars	Widder und Skorpion
Jupiter	Schütze und Fische
Saturn	Steinbock und Wassermann

Die Planeten jenseits der Saturnbahn werden nach bisherigen Erfahrungen so zugeordnet:

Uranus	Wassermann
Neptun	Fische
Pluto	Widder und Skorpion

Steht ein Planet in einem bestimmten Zeichen, dann besitzt er demnach eine bestimmte Wertigkeit. Diese wird aber noch durch jene Einflüsse verändert, die man Aspekte nennt. Bestimmte Winkelbildungen zu anderen Planeten können diese Wertigkeit verbessern oder verschlechtern, ihre Kraft und Wirkung verzerren, verstärken oder zum Teil sogar fast aufheben. Bei der Betrachtung eines Planeten muß man daher zunächst überlegen, wie seine Kraft und Wirkung durch die Stellung in einem bestimmten Tierkreiszeichen ist und wie diese durch Aspekte beeinflußt wird. Die Summe dieser Überlegungen gibt dann Auskunft über den *kosmischen Zustand* eines Planeten.

Die Bedeutung dieser Untersuchung kann sowohl bei der Beurteilung einer Planetenperiode und, wie später ausgeführt, beim Geburtsgebieter nicht hoch genug angesetzt werden. Selbst sehr erfahrene Astrologen haben oft einige Schwierigkeiten, den kosmischen Zustand eines Planeten klar und deutlich zu definieren. Man muß ja hier bloß überlegen, daß die Planeten, die aspektieren, ja auch einen ganz bestimmten kosmischen Zustand besitzen und ihre Kraft und Wirkung ebenfalls sehr schwanken kann. Es ist, um ein Beispiel zu nennen, bei einem Aspekt zwischen Mond und Mars ein sehr großer Unterschied, ob nun der Mars im Widder oder in der Waage steht.

Ein Planet steht nun in einem bestimmten Haus, in jenem Kraftfeld also, das für einen bestimmten Lebensbereich entscheidend ist. Da es zwölf Häuser gibt, so gibt es hier auch zwölf verschiedene Auswirkungen. Dafür wird in der Astologie der Begriff *lokale Determination* verwendet. Das besagt, daß eben der Planet im Bereich eines ganz bestimmten Hauses seine größte Wirkung entfaltet. Es ist zum Beispiel von geradezu schicksalsbestimmender Bedeutung, in welchem Haus der Geburtsgebieter steht.

Da es zwölf Tierkreiszeichen und zwölf Häuser gibt, so läßt sich erkennen, daß für jeden einzelnen Planeten einhundertvierundvierzig Deutungen der einfachsten Form möglich sind. Einfach deswegen, weil ja dabei die Aspektierungen nicht berücksichtigt sind. Sehr viele Astrologen arbeiten heutzutage mit Computerprogrammen, doch diese können niemals die Unzahl von Variationen erfassen. Denn mit den Aspektierungen ergeben sich unendlich viele Möglichkeiten. Jedes Horoskop ist einmalig. Überlegt man weiter, daß es zehn Planeten gibt, dann umfaßt die einfache Deutung eines Horoskopes zunächst einmal eintausendvierhundertvierzig Möglichkeiten.

Kosmischer Zustand und lokale Determination sind zwei astrologische Begriffe, die genau definiert sind und deren Anwendung daher die Möglichkeit gibt, Analysen mit größter Klarheit durchzuführen.

Die Mondperiode

Wenn man einen Obstbaum pflanzt, ein noch kleines Gewächs ohne Kraft und Saft, entscheidet eine Reihe von Umweltfaktoren über das Weiterkommen. Der Boden muß für das Wachstum geeignet sein, eine Einwirkung der Sonne muß gesichert sein, es darf nicht an Feuchtigkeit fehlen und damit ein Sturm nicht den jungen Baum aus der Erde reißen kann, bedarf es eines Pflockes, der Halt gibt.

Ein neugeborenes Kind wird in ganz bestimmte Lebensverhältnisse hineingestellt, die nunmehr auf das beginnende Wachstum ständig Einfluß nehmen. Es bedarf der Anpassung an diese Lebensumstände und diese werden in den ersten sechs Lebensjahren vom Mond gesteuert. So wie ein Baum starke Wurzeln ausbilden muß, um dann künftighin im weiteren Dasein genügend Halt zu besitzen, ebenso muß bei einem Kind die Summe aller Anpassungskräfte so gestärkt werden, daß dann im späteren Leben die sicher niemals ausbleibenden Erschütterungen und Lebenskrisen bewältigt werden können.

Man muß sich der Tatsache bewußt sein, daß sich die Lebensverhältnisse besonders durch den Fortschritt in der Heilkunde entscheidend geändert haben. Man muß diese Veränderungen kennen, um sich sozusagen auf sicherem Boden bewegen zu können. Man muß die ungeheure Tatsache in ihrer ganzen Bedeutung ermessen, die sich aus dem simplen Hinweis ergibt, daß um die Jahrhundertwende herum von zwanzig neugeborenen Kindern nur vier das zwanzigste Lebensjahr erreichten und somit vier Fünftel an Infektonskrankheiten zugrunde gingen. Damals waren die Rhythmen der Sterne nicht anders als heute, wohl aber haben sich Verhältnisse geändert. Dank verschiedener Impfungen, antibiotischer Substanzen und anderer Heilmittel ist die Kindersterblichkeit heute nahezu gleich null. Irgendwelche Aussagen aus Astrologiebüchern früherer Zeiten über Krankheiten und Bedrohungen sind damit hinfällig geworden.

Was aber nun wirklich in der Mondperiode des Lebens geschieht, ist der Einfluß auf die Ausbildung aller Anpassungsvorgänge, die körperlich, seelisch und geistig die ganze Entwicklung bedingen. Ob Wachstum, Sprachbildung, Erfassen der Umwelt, Abgrenzung der eigenen Persönlichkeit von der Umwelt, Anpassung des Stoffwechsels an die gebotene Nahrung, Erlernen des Verhaltens der Umwelt gegenüber, Entwicklung des Selbstbewußtseins, das Aufkommen von Minderwertigkeitsgefühlen und anderes mehr, all das wird von der Mondposition gesteuert, und wenn sich die gesamten Anpassungsvorgänge harmonisch zur Umwelt entwickeln, dann vollzieht sich die Reifung in den ersten sechs Lebensjahren entsprechend günstig.

Was in der Gegenwart auf das heranwachsende Kind einstürmt, sind nicht mehr die gesundheitlichen Gefahren und Bedrohungen, zumindest nicht in den europäischen Staaten, sondern die veränderten Familienverhältnisse, die nicht mehr ausreichende Betreuung durch die Eltern, weil diese nur wenig Zeit für die Erziehung aufwenden. Die Umwelt kann durch ihre Unzahl von Informationen oft schwersten Schaden anrichten, Hinweise auf die so ungünstigen Auswirkungen des Fernsehens zum Beispiel liest man immer wieder in den medizinischen Zeitschriften.

Bleiben wir bei dem Vergleich mit dem Obstbaum. Würde man diesen zunächst in einem Glashaus wachsen lassen, bei immer gleich günstiger Temperatur, würde man alle klimatischen Schwankungen fernhalten und ihn dann eines Tages aussetzen in eine ihm feindliche Natur mit allen Gefahren, so würde der Baum dies vielleicht nicht überstehen.

Die Situation der Kinder in den ersten sechs Lebensjahren ist ähnlich. Durch Impfungen und bestmögliche Ernährung wird jede gesundheitliche Gefährdung von ihnen ferngehalten, und der Körper kann gar keine Abwehrkräfte entwickeln, weil die dazu nötigen Herausforderungen fehlen. Fieber zum Beispiel ist eine natürliche Abwehrreaktion. Übersteht man einen fieberhaften Infekt, dann bleiben zumeist lebenslang die Abwehrfunktionen intakt. Wie aber soll sich eine robuste Abwehrlage bilden, wenn es niemals zu Infektionen kommt?

Das seit Urzeiten bestehende Erziehungsprinzip, nämlich das Reifen zu fördern, Entscheidungsfähigkeit zu stärken und auch das Verzichten zu üben, wird heute nicht mehr erfolgreich angewendet. Kinder bekommen Unmengen von Spielsachen, sie werden mit Fernsehsendungen gleichsam überfüttert, anstelle echter elterlicher Fürsorge steht das Erfüllen jedes geäußerten Wunsches, und bei vielen Kindern entwickelt sich das Gefühlsleben in verzerrter Form, weil die rein gefühlsmäßigen Bindungen an die Eltern, Geschwister und Verwandten wenig tragfähig sind.

Daher sind die Schädigungen infolge einer nicht günstigen Mondperiode anders als in früheren Zeiten. Kinder können kaum Belastungen ertragen, sie wollen keine Autorität akzeptieren, sie sind auch charakterliche Schwächlinge, die wenig oder gar nicht kontaktfähig sind. Vor allem wollen sie die von den Vorfahren erworbene Lebensanschauung nicht akzeptieren, was dann später zu dem Wunsch führt, möglichst frühzeitig dem Elternhaus zu entfliehen.

Kinder in der heutigen Zeit zu erziehen, sodaß sie dem hektischen Leben mit seinen vielen Gefahren gewachsen sind, ist sicherlich viel schwieriger geworden. Die Mondperiode können die heute heranwachsenden Kinder mit größtmöglicher Sicherheit körperlich ungefährdet überstehen. Zu sorgen aber ist, daß es zu keinem seelischen und schweren charakterlichen Schaden kommt. Hier müssen die Eltern eben das sein, was für den jungen Obstbaum der Pflock ist, an den er gebunden wird. Nur dann kann der Baum gerade wachsen, sich voll entfalten, wenn er die erforderliche Stütze erhält. Eltern, die einem Kind die echte Fürsorge und Liebe angedeihen lassen, gleichzeitig aber auch die Entscheidungsfähigkeit und das Verzichten lehren, sind die Garanten dafür, daß die Mondperiode nicht eine spätere Lebenskatastrophe bringt. Ungünstige Aspekte zum Mond zeigen, daß man sich mehr bemühen muß, daß es größere Schwierigkeiten geben kann. Durch vermehrte Anstrengungen aber kann gerade eine ungünstige Mondposition die gesamte Anpassung an die Lebensverhältnisse besonders kraftvoll stabilisieren!

Die Merkurperiode

Es ist sicher kein Zufall, daß der Beginn der sogenannten Schulpflicht, durch Gesetze abgesichert, mit der Merkurperiode des menschlichen Lebens zusammenfällt. Früher einmal mag es genügt haben, die praktischen Handgriffe zum Überleben zu erlernen, und bis weit in die Neuzeit hinein war zum Beispiel der größte Teil der europäischen Bevölkerung des Lesens und Schreibens nicht kundig. Man konnte den Lebenskampf auch führen ohne Kenntnisse der Algebra, der zeitgenössischen Literatur, geschichtlicher Kenntnisse und anderer Bildungsfaktoren. Heutzutage ist dies aber ganz unmöglich, selbst für einfache berufliche Tätigkeiten werden umfassende Kenntnisse verlangt. Um im Leben bestehen zu können, genügt es nicht einmal, die Grundschule besucht zu haben. Man muß auch weiterhin lernen und immer wieder lernen, will man nicht im Leben versagen.

Der Planet nun, der die Verbindung zur Umwelt sichert, Informationen zufließen läßt, die Aufmerksamkeit wachhält, die Interessen steigert und das gesamte Denken trainiert, ist der sonnennahe Merkur.

Jede Planetenperiode ist einmalig, einmalig auch hinsichtlich ihrer Bedeutung für das ganze Leben. Es gibt nur acht Merkurjahre, weil sich dann im Leben eines jungen Menschen durch die Pubertät alles ändert und sich der ganze Bereich der Umweltbeziehungen verschiebt. Es ist daher von ungeheurer Bedeutung, daß die Merkurperiode maximal genützt wird und ihr Ergebnis, das gut entwickelte Denken, dann den weiteren Lebensweg erleichtert.

Wer Kinder hat, weiß um die Schulprobleme. Nur wenige Eltern haben das Glück, Kinder zu haben, die freiwillig und gerne lernen, die gute Noten nach Hause bringen, die also nicht dauernd zum Lernen angehalten werden müssen und darüber hinaus sogar noch zusätzlich durch Lesen Wissensstoff ansammeln. Die meisten Kinder sind, wie man zu sagen pflegt, zunächst einmal verspielt und können sich kaum konzentrieren. Und sehr bald zeigen sich dann Schwierigkeiten aller Art, die allesamt durch den oft gehörten Satz ausgedrückt werden können, wonach das Kind das Lernen nicht lernt. Das heißt, es findet nicht die richtige Methode, um einen Lernstoff aufzunehmen.

Mit einem Blick auf den Merkur im Geburtshoroskop läßt sich nun in ganz einfacher Weise zunächst einmal am kosmischen Zustand des Planeten erkennen, wie es um die Lernfähigkeit ganz allgemein bestellt ist. Vier Grundformen der Lernfähigkeit lassen sich erkennen:

1.) In den Erdzeichen Steinbock, Stier und Jungfrau interessiert in erster Linie nur das, was tatsächlich vorhanden ist. Ein reales Denken wird aufgebaut, das Tatsachen akzeptiert und nichts weiter. Die Erfahrungen spielen eine Rolle, in einfacher und überaus klarer Weise werden Tatsachen logisch miteinander verbunden. Abschweifungen in irgendwelche irreale Gegebenheiten kommen selten vor. Ist ein Erdmerkur durch einen besonders guten Winkel mit dem Mars verbunden, sind oft erstaunliche mathematische Fähigkeiten vorhanden, und das Rechnen macht keine Schwierigkeiten.

2.) Ein in den Luftzeichen Zwillinge, Waage und Wassermann postierter Merkur bildet das theoretische Denken aus. Bemühungen sind vorhanden, das Wahre, Erkennbare genau vom Unwahren abzugrenzen, vor allem werden Begriffe miteinander verbunden. Hinter den Worten stehen sehr genau umrissene Begriffe, die in ein Schema eingeordnet werden, sie werden katalogisiert, das Wahrgenommene wird mit anderen Dingen gedanklich kombiniert. Das bewirkt ein Denken in Möglichkeiten und damit hat man oft einen unsicheren Standpunkt der Realität gegenüber. Die Wucht des augenblicklichen Erlebens kann zugunsten kühner und phantastischer Vorstellungen kleiner werden. Doch die luftigen Merkurpositionen fördern den Gedankenflug und vor allem die Interessen. Kinder sind oft echte Leseratten, und beim Lesen schweifen ihre Gedanken in unendliche Fernen.

3.) Merkur in den Wasserzeichen Fische, Krebs und Skorpion zeigt Interesse für die so gewichtige Frage, wie alles entsteht. Die Gegenwart wird als etwas Unbeständiges empfunden, als winzige Scheide zwischen Vergangenheit und Zukunft. Es ist der Strom der Möglichkeiten, der immer wieder das Denken anregt, es sind die Erlebnisse von einst, die auch das Zukünftige bestimmen. Zu allem gesellt sich die Gefühlskomponente, die Betrachtung der Umwelt. Die Wirklichkeit wird immer nur durch die jeweilige Gefühlssituation bestimmt. Die Aufmerksamkeit kann daher erheblich schwanken und den Blick für die Realität trüben. Bestimmte Eindrücke können besonders tief in der Seele verankert sein, im Gehirn werden Erinnerungen mit dem entsprechenden Gefühlsgehalt gespeichert. Oft kann man sich später in eine ganz bestimmte Gefühlssituation zurückversetzen. Auch Lernstoffe können, wenn sie gefühlsmäßig akzeptiert werden, besonders leicht aufgenommen werden.

4.) Ganz anders verhält es sich mit Merkur in den Feuerzeichen Widder, Löwe und Schütze. Hier steht immer zuerst die Frage nach dem Sinn, Urteile werden gefällt, ob etwas richtig oder falsch ist. Jede Situation wird eingestuft in ein System von Ordnung und Recht, die Handlungen anderer werden dauernd beobachtet und auch kritisiert. Man versucht, eine Wertskala für alles zu erstellen, für Personen und Dinge.

Eine ganz gewichtige Rolle spielt nun immer das Verhältnis eines Kindes zu den Lehrpersonen. In Japan ist es vielfach üblich, daß die Kinder am ersten Schultag dem Lehrer das gezeichnete Geburtshoroskop übergeben und dieser dann auch mit einem Blick erkennen kann, in welcher Weise ein Kind besonders motiviert werden kann. Eltern, die schon frühzeitig durch Beobachtungen erkennen können, wie sich ein Kind anstellt, um etwas zu lernen, werden sicher die Erziehung dann besser lenken können. Hier sind eben die Aspekte zwischen einem Kind und den Erwachsenen von gewichtiger Bedeutung und Lehrpersonen und Erzieher können mitunter auch bei Kindern mit mäßiger Begabung die Bereitschaft zu sehr guten Leistungen wecken.

In der heutigen Zeit wird oft die Frage aufgeworfen, ob die Kinder nicht überfordert werden, ob das, was in der Schule verlangt wird, nicht zuviel ist und die Kinder dadurch nervös und unsicher werden. Stimmen werden immer wieder laut, wonach man den Kindern mehr Zeit geben soll für Beschäftigungen nach eigenen Wünschen. Freizeit wird gefordert, ebenso sollen die Ferien möglichst lang ausgedehnt werden.

Diese Frage kann kaum für alle verbindlich beantwortet werden. Es kann Merkur zu ständiger Vermehrung des Wissens, des Erkennens drängen, und die Freude am Lernen kann bei Kindern groß sein. Diese Kinder werden sich auch in der Freizeit dauernd beschäftigen können und die so kostbare Merkurzeit nützen. Richtige Lenkung dieser Bemühungen durch die Eltern kann später den ganzen Lebensweg sehr erleichtern. Andererseits kann das Fehlen von Motivation durch die Eltern und die Erziehung zur Trägheit sich später einmal verheerend auswirken. Es ist überaus verhängnisvoll, die Kräfte des Merkurs in jenen so entscheidenden acht Jahren nicht zu nützen, die Zeit zu vergeuden.

Man möge bedenken, daß es noch niemals in der Geschichte der Menschheit so viele Möglichkeiten gegeben hat, die Merkurperiode zu nützen!

Die Venusperiode

Mit dem Erwachen der Sexualdrüsen und der Produktion der Sexualhormone beginnt jene zehn Jahre dauernde Periode, in der der junge Mensch den Rahmen des Elternhauses mit seiner Fürsorge oft ganz abrupt sprengt. Ungeheure Impulse werden wach, um den personellen Umkreis zu erweitern, und selbstverständlich wird nun mit einem Mal das andere Geschlecht interessant, anziehend und erregend. Es ist die Zeit des Sehnens, der Hingabe und des Verlangens nach Hingabe. Es ist die Zeit, in der viele Dinge plötzlich in den Hintergrund treten können zugunsten eines „Schwebens auf Wolken", wo man die Realität nicht mehr richtig wahrnehmen kann.

Erlebnisbereitschaft, Erlebnisfähigkeit und Erlebnishunger sind die drei Faktoren, die von der Position der Venus im Geburtshoroskop bestimmt werden. Wenn man die Venus in der Sprache der Astrologen als „das kleine Glück" bezeichnet, so steht das Glücksgefühl nur selten am Beginn dieser Lebensperiode. Unruhe wechselt mit Enttäuschungen, und erst allmählich pendelt sich das Erleben in ruhige und gesicherte Verhältnisse ein. Das Verlangen nach Verstehen, nach Verständnis der eigenen Lage steht oft genug im Gegensatz zur rauhen Wirklichkeit, und die Tatsache, daß Sehnsüchte nicht erfüllt werden, schafft immer neue Bedrängnisse.

Diese so stürmische Zeit setzt für das ganze Leben Akzente. Man sagt mit Recht, daß von ein paar Ja und Nein, die zwischen dem vierzehnten und sechzehnten Lebensjahr gesprochen werden, das ganze Leben abhängig ist. Die Grenzen können hier natürlich schwanken, oft fallen gewichtige Entscheidungen schon wesentlich früher, da ja auch die Pubertät früher einsetzen kann. Allein die Entscheidung, ob man rauchen soll oder nicht, ja, ob man Rauschgifte versuchen soll oder nicht, fällt in diese Zeit, und wenn eben die Realität kein Glücksgefühl aufkommen läßt, dann sucht man im Giftnebel die Erfüllung.

Viel mehr als früher wird jungen Menschen geboten. Es bestimmen nicht mehr harte Notwendigkeiten das Leben bei einem Minimum an Möglichkeiten, sondern umgekehrt, es überwiegen die Möglichkeiten.

Der Einfluß der Eltern ist in der heutigen Zeit auf ein Minimum beschränkt, allerdings haben die Eltern dafür eine umso längere Sorgenpflicht. Die Erfahrungen der älteren Generation zählen wenig, sodaß die jungen Menschen in der Gegenwart sozusagen alles im Alleingang erleben.

Manche Menschen tragen in sich ein klares Bild von einem Partner, zu dem sie sich hingezogen fühlen. Die Partnersuche ist sicher früher einmal schwieriger gewesen, denn der rein personelle Rahmen war eng. Heute kommen junge Menschen mit vielen Altersgenossen zusammen, und die Vielzahl an Beziehungen läßt Tiefe nicht aufkommen. Was früher einmal als Norm galt, nämlich *einen* Partner zu suchen, in einer festen Bindung dann eine Familie zu gründen, ist derzeit nicht mehr gegeben, lehnen doch weit mehr als vierzig Prozent der jungen Mädchen eine Ehe ab und wollen überhaupt keine Kinder!

Zwei Faktoren bestimmen nun, ob ein junger Mensch bei der Wahl eines Partners „Glück" hat. Glück insoweit, daß er das sichere Gefühl hat, auch den richtigen Partner gefunden zu haben.

Erstens zeigt das Gegenzeichen des Aszendenten, also der Deszendent im Horoskop jenen Charakter an, der als Ergänzung zum eigenen Ich dienen kann.

Zweitens deutet die Stellung der Venus beim Mann an, wie er sich eine Lebenspartnerin vorstellt, wie sich die Frau verhalten soll, mit der er einmal den Lebenskampf führen möchte. Die Venus in einem Feuerzeichen signalisiert Begeisterungsfähigkeit, die Venus in Erdzeichen die nüchterne Einstellung zur Wirklichkeit. Im Wasserzeichen sind es die Gefühlsregungen, die geschätzt werden, und eine luftige Venus bedingt intellektuelles Reagieren.

Bei der Frau ist es vor allem der Mars im Geburtshoroskop, seine kosmische Situation, die gewisse Vorstellungen vom Lebenspartner prägt.

Lehrt nicht das Leben, daß es oft vorkommt, daß sich zwei Menschen schon ganz früh in der Venusperiode kennlernen, heiraten, Kinder haben und lebenslang zufrieden und glücklich sind? Lehrt das Leben aber nicht auch das genaue Gegenteil, die Unfähigkeit, einen Partner zu finden, immer an den „falschen Partner" zu kommen, immer nur enttäuscht zu werden? Die Fähigkeit, eine Partnerschaft aufzubauen, hängt freilich nicht nur von der Position des integrierenden Mechanismus ab, also von Mars und Venus. Es spielen da auch die anderen Horoskopelemente eine Rolle. Aber die Art und Weise, wie die Venusperiode erlebte wird und welche Konsequenzen sich aus ihr ergeben, wird doch weitgehend von der Stellung der Venus im Geburtshoroskop geprägt.

Niemals ist die Bereitschaft zur Hingabe so groß wie in diesem Jahrzehnt. Wenn in der heutigen Zeit in den Klatschspalten der Zeitungen immer wieder berichtet wird, daß diese und jene wieder den Partner gewechselt haben, wenn die Promiskuität zur Selbstverständlichkeit geworden ist, dann wird man doch sagen können, daß sich dadurch sehr viele Menschen um das Lebensglück selbst betrügen. Denn sie erleben ja niemals das Gefühl, daß zu ihrem ICH auch das passende DU gefunden wurde. Wäre dem so, dann würden sie ja nicht dauernd die Partnerschaft verändern.

Jenseits aller astrologischen Überlegungen aber muß man bedenken, daß es offenbar eine übergeordnete Regulation gibt, die nicht zu erklären ist und scheinbar zufällig, vielleicht aber auch von einer ordnenden Schicksalsmacht bestimmt wird. Es ist dies die Begegnung, eben die Tatsache, daß einem Menschen jemand begegnet, auf den er aufmerksam wird, der in das persönliche Schicksal eingreift und mit dem es zu einer Verbindung kommt. Von einer unendlichen Zahl von Möglichkeiten wird immer wieder solch eine Begegnung ausgewählt und bringt einem Menschen Glück oder aber auch das Gegenteil.

Die Begegnungen sind aus einem Horoskop nicht herauszulesen. Höchstens die Bereitschaft dazu. Es ist ja selbstverständlich, daß die Wahrscheinlichkeit, einem Menschen zu begegnen und auf ihn aufmerksam zu werden, immer dann größer ist, wenn man für eine Begegnung auch mehr Bereitschaft zeigt. Wenn man also aufmerksamer ist, gespannter, aktiver und interessierter, dann wird es eben leichter zu einer Begegnung kommen. Gute Aspekte können einen Menschen mitunter sozusagen zum Strahlen bringen, er sendet dann mehr Signale aus, die von der Umwelt auch leichter empfangen werden können. In diesem Sinne können gute Aspekte tatsächlich bewirken, daß sich eine erwünschte Partnerschaft anbahnt.

Die Sonnenperiode

Angepaßt an die Umwelt, ausgestattet mit ausreichendem Wissen, im persönlichen Bereich zufriedengestellt durch eine harmonische Partnerschaft, soll der Mensch in die wichtige Sonnenperiode eintreten. Sie steht im Mittelpunkt des Lebens.

Für das Verständnis der Sonnenperiode muß man die vorangegangenen drei Lebensperioden genau analysiert haben. Klare Aussagen sind sonst nicht möglich.

Von der Geburt bis zum Ende des Knochenwachstums, also bis zum Eintritt in das dritte Lebensjahrzehnt, lernt der Mensch, wächst und wird in der Regel voll und ganz von der Gemeinschaft und den Eltern erhalten. Man spricht von der Zugehörigkeit zur heranwachsenden Generation. Noch kann man nicht eigenes Geld in solchen Mengen verdienen, daß es auch für andere reichen könnte. Doch dann, beim Übertritt in die Sonnenperiode des Lebens, gehört man zur arbeitenden Generation, und diese hat die schwierige Aufgabe, nicht nur die heranwachsende Generation (eigene Kinder) voll und ganz zu versorgen, sondern darüber hinaus auch die alternde Generation, die bereits aus dem Berufsleben ausgeschieden ist. Jeder verdiente Schilling muß daher gedrittelt werden, nur ein Drittel darf man für sich behalten.

Wenn in der Gegenwart sehr viele Menschen diesen Verpflichtungen entfliehen wollen, keinerlei Arbeit übernehmen, vom „Aussteigen" sprechen, dann geht dies zum Teil auf eine Charakterschwäche zurück, auf ein zu schwaches Sonnenprinzip. Denn die Astrologie lehrt das Erkennen der individuellen Kräfte. Sie stärkt durch Selbsterkenntnis das Ichbewußtsein und gibt dem Menschen die Fähigkeit, seine Lebensaufgaben zu erkennen und das eigene Leben mit eigenen Kräften zu gestalten. In der Sonnenperiode des Lebens ist das ICH voll entwickelt und drängt dazu, einen Beruf zu ergreifen, eine Familie zu gründen und Kinder in die Welt zu setzen, deren Erziehung zu übernehmen und den Bestand der Familie in der Gemeinschaft zu sichern. Diese Aufgabe verfehlen alle, die nicht arbeiten wollen oder können, so früh wie nur möglich dem Arbeitsprozeß entfliehen und auf Kosten der Gemeinschaft leben wollen.

Ein Mensch mit seinen Ichkräften, mit seiner gesamten persönlichen Struktur kann nur dann voll zur Entfaltung kommen, wenn er im ständigen Wechselspiel mit den Herausforderungen und Aufgaben seitens der Umwelt und dem eigenen Kräfteeinsatz Selbstvertrauen gewinnt. Die Ichstärke wird durch das Sonnenprinzip angedeutet, eben die Fähigkeit, das eigene Ich mit seinen einmal gesetzten Zielen und Aufgaben in Beziehung zu setzen.

Daß dieser Einsatz der Ichkräfte im Rahmen beruflicher Arbeit oder gesellschaftlicher Verpflichtungen, familiärer Aufgaben oder sonstiger Tätigkeiten immer individuell ist, daß jedes Sonnenprinzip von der Stellung der Sonne im Geburtshoroskop und den verschiedenen Aspekten abhängig ist, versteht sich von selbst. Je strahlender die Sonne in einem Horoskop, je kraftvoller das Sonnenprinzip, je besser gestellt die Sonne in einem bestimmten Haus des Grundhoroskopes ist, umso erfolgreicher wird auch die Sonnenperiode des Lebens sein.

Jeder Mensch setzt sich auf dem Lebensweg Ziele, die gerade für ihn, und nur für ihn, erstrebenswert sind. Die Zielsetzungen einer Sonne in den Erdzeichen gehen wohl in erster Linie in Richtung materieller Sicherheit und Erwerb materieller Güter, in den Wasserzeichen läßt die Sonne zu seelischem Reichtum in der Tiefe des Gefühlslebens tendieren. Wobei allerdings immer wieder zu bemerken ist, daß gerade die Sonne in den Wasserzeichen eine Anhäufung irdischer Güter bringt, weil diese zur Sicherheit und Absicherung der Existenz benötigt wird. Die kraftvolle Sonne in den Feuerzeichen bringt einen Lebensweg, auf dem man nach Erfolg und Anerkennung strebt, und die Sonne in den Luftzeichen öffnet vor allem den Zugang zu den geistigen Regionen.

Die Sonne bestimmt den Wirklichkeitssinn des Menschen. Wie findet er die Realitätsebene, welche Möglichkeiten hat man, um sich in der Wirklichkeit, die sich ja dauernd ändert und immer neu erkannt werden muß, zu orientieren? In der Sonnenperiode des Lebens wird dies erkennbar, und wenn man die richtigen Ziele gesteckt hat, wenn man die richtigen Kräfte einsetzen konnte, dann wird sich der Lebensweg auch erfolgreich, zumindest aber befriedigend gestalten. Hat man für das Erreichen gesteckter Ziele nicht genug Energie aufgewendet, sind im entscheidenden Augenblick die richtigen Handlungen unterblieben, resultieren daraus immer Enttäuschungen und das, was man „Unglück im Leben" nennt.

Es gibt nun eine unheimliche Erkenntnis, die jeder praktizierende Astrologe immer wieder gewinnen kann. Die Stellung der Geburtsonne im Geburtshoroskop kann durch den Einfluß eines Partners verändert werden. Es kann jemand mit einer schwachen Sonne zu großem Ruhm aufsteigen, wenn die Sonne der Ehefrau im Horoskop des Mannes an guter Stelle steht. Es kann dies auch durch Mitarbeiter, Freunde und Bekannte so der Fall sein. Und es kann auch das Gegenteil eintreten.

Die „Schlitze", mit denen der Mensch imstande ist, die Wirklichkeit, die ihn umgebende Realität, zu erkennen, sind grundverschieden und individuell. Es ist in erster Linie die Sonne, die deren Größe und Zuverlässigkeit bestimmt. Durch den Einfluß von Sonnen der Lebenspartner können diese Schlitze erweitert oder verengt werden. Und je mehr ein Mensch die Realität um sich herum erfassen kann, umso sicherer und erfolgreicher wird er auf dem Lebensweg vorankommen.

Die Sonnenperiode bringt also die Ichkräfte des Menschen zur Entfaltung, in diesen achtzehn Jahren muß der Mensch seine endgültige Beziehung zur Umwelt finden und sein Charakter muß die maximale Stabilität erreichen.

Aus den Naturwissenschaften kann man hier den Begriff der Homöostasis entnehmen. Das wesentlichste Charakteristikum einer Zelle, aber auch eines Lebewesens jeder Art muß die Fähigkeit sein, eine stetige und konstante Balance zu erhalten in einer sich ständig verändernden Umwelt. Die einzelne Zelle mit ihren ununterbrochen für die Lebenserhaltung notwendigen chemischen Prozessen muß, egal, was auch immer seitens der Umwelt geschieht, in der Lage sein, die Balance zu halten. Und das vielzellige Lebewesen muß in gleicher Weise mit der sich ändernden Umwelt fertig werden. Die Mondperiode sichert die vegetative Anpassung, die Merkurperiode die dazu notwendigen Wahrnehmungen und Verarbeitung der Informationen, die Venusperiode die Erlebnisfähigkeit und die Sonnenperiode letztlich das Gesamtverhalten, seelisch, körperlich und geistig. Dieses Gesamtverhalten kann man im vorliegenden Zusammenhang den Charakter eines Menschen nennen.

Die Marsperiode

Der Mensch hat alle Anlagen voll entwickelt, alle Möglichkeiten zur Bildung, zur Stärkung des Ich ausgeschöpft. Nun kann er darangehen, alle seine Kräfte zielgerichtet einzusetzen. Das Symbol des Mars ist ein Kreis mit einem Pfeil, der in eine bestimmte Richtung zeigt. Er zeigt von der Persönlichkeit weg. Mars ist die Kraft, die in der Umwelt Veränderungen herbeiführt. Mars steht für die Entscheidungsfähigkeit, Dynamik des Willens, für Aktivität. Mars gibt die Energie, um sich durchzusetzen, und die Physik kennt bekanntlich zwei Formen der Energie.

Es gibt die Energie der Bewegung (kinetische Energie) und die Energie der Ruhelage (potentielle Energie), die aber jederzeit in kinetische umgewandelt werden kann. Ein Stein, der auf dem Dach liegt, befindet sich in Ruhelage, besitzt aber eine gewaltige Energie. Fällt er herunter und trifft auf einen Gegenstand, dann kann man am Schaden die Größe dieser nunmehr zerstörenden kinetischen Energie ermessen.

Mars hat in der astrologischen Lehre sein Domizil in zwei Tierkreiszeichen. Im Zeichen Widder repräsentiert er die kinetische Energie, im Skorpionzeichen die potentielle. Die Art und Weise, wie nun ein Mensch die vierzehn Jahre der Marsperiode gestaltet, hängt von der Position, dem kosmischen Zustand und der lokalen Determination dieses Planeten im Geburtshoroskop ab.

Aber gerade bei der Marsperiode muß man sich an eine andere Einteilung des menschlichen Lebens aus der Sicht des Astrologen erinnern. Man kann hier auch eine Einteilung nach dem Weg durch die zwölf Häuser des Lebens vornehmen, wobei sich der Mensch jeweils sieben Jahre lang in einem Haus aufhält. Schematisch kann dies wie folgt dargestellt werden:

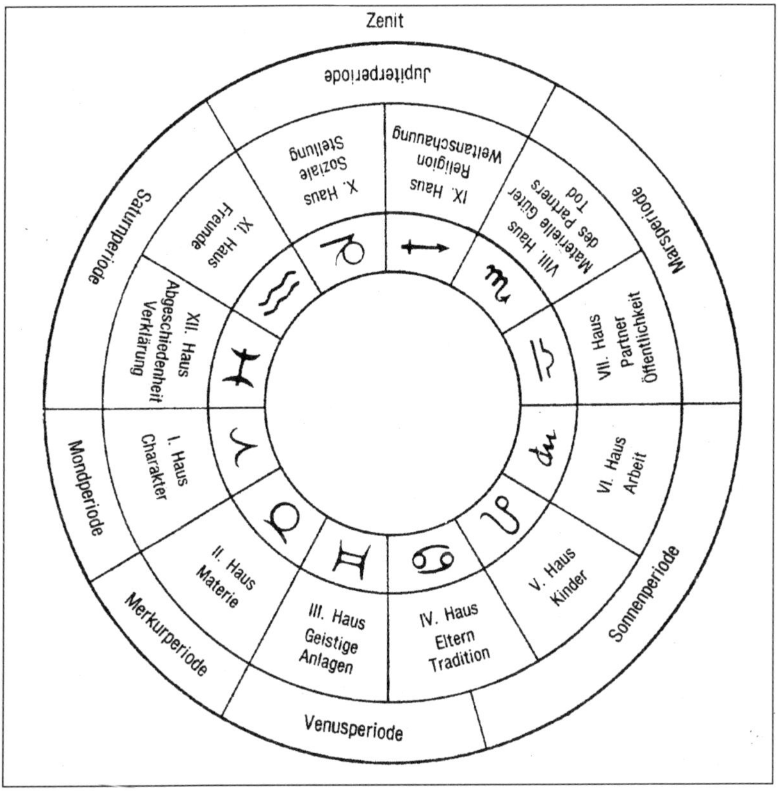

Womit ersichtlich ist, daß die Marsperiode genau zwei Lebenshäuser umfaßt, deren Bedeutung aber grundverschieden ist. Von geradezu lebensentscheidender Bedeutung ist es nun, diese zwei Abschnitte der Marsperiode zu kennen, weil sie das ganze Verhalten bestimmen sollen.

Mit dem Übertritt des Menschen in das siebente Haus, der mit dem Beginn der Marsperiode zusammenfällt, beginnt für viele die nunmehr überaus wirksame Aktivität in der Öffentlichkeit. Das voll entwickelte Ich stellt sich für Arbeiten in der Gemeinschaft zur Verfügung. Nicht mehr die Familie und die Kindererziehung, das Ringen um die eigene Position spielt die Hauptrolle, sonders das Handeln, das die umgebende Wirklichkeit verändern kann und soll. Die ersten sieben Jahre sind durch hektisches Bemühen um Erfolg und Anerkennung, ja sogar Streben nach Berühmtheit gekennzeichnet. Man greift, um diese Tätigkeit nochmals klar zum Ausdruck zu bringen, verändernd in die Umwelt ein und je nach beruflicher Stellung, je nach Standort dieser Tätigkeit kann man auch die Ergebnisse des eigenen Wirkens erkennen. Es ist die Zeit, die gleichsam dahinfliegt im ständigen Verfolgen eines Zieles, wobei die körperlichen und geistigen Kräfte fast immer im gewünschten Ausmaß zur Verfügung stehen. Es ist so, als würde man von einem Jahr zum anderen weiter vorankommen, als würde man auf der Stufenleiter des Lebens immer höher emporsteigen können. Man denkt nur an ein Weiterkommen, niemals an ein Stehenbleiben. Die ganze Welt scheint dies zu akzeptieren, denn tatsächlich kann man in dieser Zeit immer mehr erreichen, auch den persönlichen Wohlstand, sprich materiellen Rahmen, verbessern.

Und dann, um den fünfzigsten Geburtstag herum, mit dem Eintritt in das achte Lebenshaus, also in die Marsperiode vom neunundvierzigsten bis zum sechsundfünfzigsten Lebensjahr, kommt es ganz plötzlich zu einem schockierenden Ereignis. Mit einem Mal wird den meisten Menschen bewußt, daß es so nicht immer weitergehen kann. Man wird sich ganz plötzlich der körperlichen Beschränktheit, der begrenzten Leistungsfähigkeit bewußt. Das Denken, bislang zusammensetzend und aufbauend, wird nunmehr deutlich analytisch, die Frage nach Sinn und Zweck drängt sich mehr und mehr in den Vordergrund. Erschreckend plötzlich kommt der Gedanke, daß alle materiellen Güter letzten Endes wertlos sind, das Totenhemd keine Taschen hat und alles, was man besitzt, eines Tages in fremde Hände übergehen wird.

Das sind die trüben Gedanken, die der fünfzigste Geburtstag mit sich bringt, der obendrein zusammenfällt mit einem körperlich-seelischen Zustand, den man die Midlifecrisis nennt. Bei der Frau bedrücken die Wechseljahre, die damit aufkommenden Depressionen und das Gefühl, plötzlich nutzlos zu sein. Beim Mann kommt es in weniger dramatischer Form oft zu einem sexuellen Versagen, zu einem Verlust der Sicherheit in der sexuellen Aktivität, kombiniert mit Reizbarkeit, Todesgedanken und ebenfalls Depressionen. Die hier so niederdrückenden Ereignisse haben sehr oft als letzte Konsequenz den Selbstmord.

Und doch, die Marsperiode kann überaus nützlich sein, wenn es gelingt, die Abkehr vom materiellen Streben zu verwirklichen und mehr und mehr sich gemeinnützigen Aufgaben zu widmen. Es ist dies die Zeit, wo man Partner braucht, um im Berufsleben weiter erfolgreich zu sein, wo man Lasten verteilen soll, nicht alles an sich reißen darf und lernen muß, auch Dinge einfach auszulassen, nicht mehr jede Chance zu nützen, kurzum wählerisch zu sein.

Die Marsperiode, richtig gelebt, bringt den Menschen empor in der Achtung der Mitmenschen und soll mithelfen, die Weltanschauung endgültig zu festigen und mit Freuden der nächsten Planetenperiode entgegenzugehen.

Schlimm ist es aber immer, wenn das Streben nach Erfolg und materiellen Gütern nicht abgebremst wird, wenn man mehr und mehr Kräfte einsetzt, obwohl der Körper dadurch altersbedingt überfordert wird. Dann kommt es zu jener Lebenskatastrophe, die nun einmal durch den Saturn verursacht wird. Bekanntlich kehrt der große Ringplanet zuerst um das neunundzwanzigste Lebensjahr herum an seinen Radixplatz zurück (wo er also im Geburtshoroskop steht) und löst damit fast immer private Schwierigkeiten aus. Hat man bei der Partnersuche sich geirrt kommt es in diesem Zeitraum meist zu Scheidungen. Um das achtundfünfzigste Lebensjahr herum kommt Saturn zum zweiten Mal, und wenn man gesundheitlich nicht in Ordnung ist, wenn man die eigene Gesundheit geschädigt hat, dann schlägt die Faust des Schicksals unbarmherzig zu. In diesem Zeitbereich ereignen sich die meisten Todesfälle durch Herzschlag.

Die Jupiterperiode

Der Planet Jupiter, in der astrologischen Lehre das große Glück genannt, ist das Prinzip der Assimilation. Wo etwas vorhanden ist, da können die Jupiterkräfte Vermehrung bringen. Was der Merkur an Informationen herbeischafft und was auch immer das Denken in Aktion versetzte, wird nun durch Jupiter geordnet, gespeichert und in gediegenes Wissen übergeführt. Lebenserfahrung und gute Jupitereinflüsse können jenes innere Leuchten eines Menschen bewirken, das die echte Weisheit mit sich bringt.

In der ersten Phase der Jupiterperiode, beim Durchgang durch das neunte Sonnenhaus, ringt der Mensch mit religiösen und philosophischen Fragen, und mehr und mehr will man Gedanken austauschen und sein Wissen vermehren. Niemals mehr können Suchen und Streben nach materiellem Gewinn Glück bringen, denn längst hat man ja in dieser Periode die Lebenshälfte überschritten und steht vor dem Alter, mag es auch in der Gegenwart noch nicht deutlich sichtbar in Erscheinung treten.

Hat man sich das ganze Leben lang geistig betätigt, war man also geistig aktiv durch Lesen, Lernen und Sprechen, dann kann man in diesem Lebensabschnitt die geistige Potenz noch schier unglaublich verbessern. Gefährlich aber ist es, den bequemen Lebensweg zu gehen und sich sozusagen treiben zu lassen. Rasch lassen dann die geistigen Kräfte nach.

In dieser Periode des Lebens sollte man das erworbene Wissen auch weitergeben. Vorzügliche Jupiterkräfte geben die Möglichkeit, als Lehrer oder Berater zu wirken und anderen Menschen auf dem Lebensweg zu helfen.

Zudem gibt Jupiter ja nicht nur Wissen, sondern auch die Fähigkeit des Glaubens. Glück und innere Ruhe kann man mit guten Jupiterkräften suchen, und die Position dieses Planeten gibt jedem die Möglichkeit, jene Bemühungen zu erkennen, die in der Jupiterperiode zu dem Zustand führen, den man Euphorie, seelisches Wohlbefinden nennt.

In der zweiten Hälfte der Jupiterperiode aber betritt der Mensch das zehnte Sonnenhaus, erreicht er den Höhepunkt seines Lebens. Das ist die Zeit vom dreiundsechzigsten bis zum siebzigsten Lebensjahr. Doch so schön auch immer das Erreichen des Gipfels sein kann, es folgt ihm unweigerlich der Abstieg.

Aber in diesen sieben Jahren des siebenten Lebensjahrzehntes kann der Mensch all sein Wissen, all sein Können nochmals zeigen, kann er die Position, die er errungen hat, ausschmücken und noch ganz Großes schaffen. Viele unvergängliche Werke haben Menschen in der Jupiterperiode des Lebens geschaffen, in einer Zeit, in der man nicht mehr nach materiellen Gütern streben mußte und es auch nicht mehr notwendig war, die materielle Grundlage für die Familie zu festigen. Goethe hat der Jupiterperiode des Lebens im zweiten Teil des Faust das schönste Denkmal gesetzt. Der alte Faust sagt, als er sein Wissen anderen weitergeben kann, nun möge der Augenblick verweilen, nun empfände er höchstes Glück.

Ist das, was die heutige Sozialpolitik den Menschen gewährt, vom astrologischen Standpunkt aus richtig? Die Menschen werden in Pension geschickt, oft schon noch vor dem Erreichen der Jupiterperiode des Lebens. Sie werden zur Untätigkeit verdammt und verlieren als Rentner den Antrieb, das eigene Leben noch selbständig zu gestalten.

Man kann sagen, sehr viele Menschen werden um die Jupiterperiode ihres Lebens betrogen. Merkwürdig genug, daß es den meisten Menschen gar nicht auffällt, daß Politiker und die Großen in der Wirtschaft gar nicht daran denken, frühzeitig in Pension zu gehen. Sie bleiben im Amt, auch dann, wenn sie das siebzigste Lebensjahr längst überschritten haben. Der breiten Bevölkerung aber wird eingeredet, es wäre Lebensqualität, wenn man frühzeitig in Pension geht.

Das ist allerdings nicht überall der Fall, wie ja die Statistiken beweisen. In Japan arbeiten nach dem sechzigsten Lebensjahr noch mehr als drei Viertel aller Männer. In Mitteleuropa freilich ist kaum ein Viertel der Sechzigjährigen noch berufstätig. Was die Jupiterperiode des Lebens schenken kann, nämlich den Genuß der Lebensarbeit in Anerkennung und Weitergabe des erworbenen Wissens und Könnens wird durch die Sozialpolitik zunichte gemacht. Wobei natürlich auf die individuellen Faktoren Rücksicht zu nehmen ist. Für viele Menschen bedeutet der Jupiter nichts, sie haben die Wirksamkeit dieses Prinzips nie verstanden und auch gar keine Anstrengungen unternommen, um auf der Leiter des Lebens emporzukommen. Sie bleiben in dem Milieu, in dem sie geboren wurden, und nur die Befriedigung der körperlichen Bedürfnisse ist für sie wichtig.

Die Saturnperiode

Maximal dreimal im Leben eines Menschen kann der Saturn bei seiner Wanderung durch den Tierkreis jenen Platz berühren, an dem er bei der Geburt gestanden ist. Das dritte und letzte Mal erfolgt der Saturntransit über den Radixplatz um das des siebenundachtzigste Lebensjahr. Dies ist dann auch der Zeitpunkt, an dem selbst für Menschen, die durch ihre Gene den Vorzug der Langlebigkeit besitzen, das Leben zu Ende geht.

In diesem Zusammenhang scheint auch eine Berechnung zu stimmen, wonach die durchschnittliche Lebenszeit eines Menschen mit dem vierundachtzigsten Lebensjahr begrenzt ist. Es entspricht diese Zeit dem Umlauf des Planeten Uranus, der ja die klassischen sieben Planeten mit seiner Bahn umschließt und der gleichsam alle Prinzipien zusammenfassen kann. Die Zahl vierundachtzig wiederum ist das Produkt aus sieben mal zwölf.

Was nun die Saturnperiode betrifft, so gilt die Bezeichnung „das große Unglück" nur zu einem kleinen Teil. Der Saturn ist das große ordnende Prinzip im Leben, und wenn er im Laufe des Lebens Leid, Kummer, Entbehrungen, Trauer, Enttäuschungen und sogar echte Melancholie bringt, so bedeutet dies eben eine Herausforderung, mit mehr Anstrengungen den harten Schicksalsschlägen zu trotzen. Saturn ist Beschränkung, Verlangsamung und Behinderung. Für die Prozesse des Alterns steht daher das Saturnprinzip, und je nach Stellung im Tierkreis bei der Geburt wird man erkennen können, wie sich dann in der letzten Periode des Lebens diese Auswirkungen zeigen.

Man bedenke doch, in welch weitem Ausmaß von Verschiedenheiten das Alter eines Menschen möglich ist. Die einen verbringen körperlich sieche und seelisch gebrochene Jahre, vielleicht sogar Jahrzehnte ans Bett gefesselt, und es gibt keine Hoffnung, daß sich dies je ändern würde. Andere sind bis in höchste Alter frei von materiellen Sorgen, körper- lich und geistig leistungsfähig und erhalten ihre Lebensfreude bis zum Tod.

Das Alter kann mit sich bringen die folternde Einsamkeit, die Hilflosigkeit auf der einen Seite, auf der anderen aber noch eine ungebrochene Integration in der Gemeinschaft. Die einen haben eine Familie, in der sie geborgen sind, die anderen haben niemanden, mit dem sie auch nur ein paar Worte sprechen und auf Anteilnahme hoffen können.

In der ersten Hälfte der Saturnperiode, beim Aufenthalt im elften Lebenshaus, sollte man noch die Gemeinschaft suchen. Bei einem gutgestellten Saturn kann aber auch im Rahmen einer lebenslangen Vorbereitung auf das Alter dieser Zeitabschnitt wunderbare Erlebnisse in einer schützenden personellen Umwelt bringen. Erst vor dem Erreichen des achtzigsten Lebensjahres kommt dann der Aufenthalt im zwölften Haus, was dann die endgültige Abkehr bringen kann.

Die saturnische Eigenschaft ist der Geiz, der im Alter unbedingt unter Kontrolle gehalten werden muß. Es hat keinen Sinn, Güter angehäuft zu lassen, um den Nachkommen einen gedeckten Tisch zu übergeben. Lehrt doch die Lebenserfahrung, daß man niemandem etwas Gutes tut, wenn man ihm viel schenkt und alle Mühsal aus dem Weg räumt. Zeigt nicht die Gegenwart, daß die Generation, die den Wohlstand geschaffen hat, nunmehr die eigenen Kinder durch Verwöhnen zu stark verweichlicht hat? Der alte Mensch soll den Jahren, in denen er noch auf dieser Erde weilt, Leben geben, nicht umgekehrt. Eine bloße Lebensverlängerung ist sinnlos, kann wenig befriedigen. Die Lebensjahre müssen gehaltvoll sein, daher sollte man sich jede erdenkliche Freude gönnen, wann auch immer Gelegenheit dazu vorhanden ist. Nichts ist wohl mehr falsch als ununterbrochen Geld zu zählen und sich materieller Güter zu erfreuen, die in Sparkassenbüchern und Banksafes schlummern.

Wie lange dauert die Saturnperiode des Menschen?

Das hängt eben von der Lebenszeit ab. Der große Ringplanet lehrt, auf dem Lebensweg immer wieder stehenzubleiben, die Richtung zu überprüfen, sich Gedanken zu machen über das Erlebte, sich Rechenschaft zu geben über die Vergangenheit. Saturn lehrt, den gegenwärtigen Standpunkt, die Schwelle zwischen Vergangenheit und Zukunft zu überdenken, und er gibt dem Menschen die Fähigkeit, über die Zukunft Klarheit zu gewinnen. So gesehen ist der Saturn imstande, im Alter Hilfe und Trost zu spenden, wenn man das Leben richtig gelebt hat. Wenn man die vorhandenen Fähigkeiten nutzen konnte, die Lebensaufgaben erfüllt hat und sich auf das Alter auch vorbereiten konnte. Dann kann auch der letzte Lebensabschnitt in einer Art Verklärtheit erlebt werden.

Zeichen	Symbol	Charakter
Widder	♈	Ich bin
Stier	♉	Ich habe
Zwillinge	♊	Ich denke
Krebs	♋	Ich fühle
Löwe	♌	Ich will
Jungfrau	♍	Ich prüfe
Waage	♎	Ich schwanke
Skorpion	♏	Ich begehre
Schütze	♐	Ich sehe
Steinbock	♑	Ich gebrauche
Wassermann	♒	Ich weiß
Fische	♓	Ich glaube

Die Tierkreiszeichen und ihre Symbole
Die Sonnenstandsastrologie in Zeitwörtern

Der Stern des Lebens

Der Geburtsaugenblick

Sehr viele Menschen wissen nicht, wann sie auf die Welt gekommen sind. Die Angaben der Mütter sind oft erstaunlich unpräzise, oft sogar vollkommen falsch. Die Eintragungen in die Pfarrbücher oder in die Protokolle der Kliniken und Krankenhäuser waren und sind auch heute noch oft genug ungenau. Eine gewisse Änderung gab es während der Nazizeit, weil damals in den Geburtsschein die Geburtsminute eingetragen werden mußte. Jetzt gibt es in Österreich den Mutter-Kind-Paß, eine außerordentlich nützlich Einrichtung. In dieses Dokument wird fast immer die Geburtsminute sehr genau eingetragen.

Welches ist nun der Augenblick, den man für die Erstellung eines Horoskopes zu verwenden hat?

Wer an vielen Geburten teilgenommen hat, weiß zur Genüge, daß die Austreibungsperiode in der Regel von kurzer Dauer ist. Es dauert oft nicht einmal eine Minute, und das Kind hat den Mutterleib verlassen. Kaum ist dies aber geschehen, kaum wird das Kind nicht mehr durch den mütterlichen Kreislauf versorgt, muß das Kind sofort mit dem eigenen Stoffwechsel zurechtkommen. Dies geschieht zuerst durch das Einatmen, wobei sich erstens die Lungen mit Luft füllen, Sauerstoff also von der Außenwelt aufgenommen und sofort verwertet wird, und zweitens ändern sich die Druckverhältnisse im Kreislauf. Sauerstoffreiches Blut strömt ins Gehirn, und alle lebenswichtigen Zentren werden damit eingeschaltet. Das Atemzentrum ist hier am wichtigsten, es ist fast immer eine Katastrophe, wenn ein Kind nicht atmet.

Das Einatmen vollzieht sich in Sekundenschnelle, und beim Ausatmen kommt es dann zu jenem Ereignis, das man den ersten Schrei zu nennen pflegt. Da Einatmen und Ausatmen mit dem Schrei fast zusammenfallen, wurde der erste Schrei zumeist als Geburtsaugenblick betrachtet. Das ist aber doch nicht ganz korrekt, denn das Einatmen erfolgt ja ein wenig früher.

Mit der Atmung aber beginnt die Unzahl von Stoffwechselreaktionen und diese werden im Augenblick der Geburt in ihrem Rhythmus geprägt. Hier spielen die elektromagnetischen Felder, die Einflüsse der elektromagnetischen Landschaft und der Informationsgehalt der ganzen Biosphäre die Hauptrolle. Eingebunden in den Rhythmus kosmischer Wirkungen erhält der ganze Stoffwechsel, die Funktion der chemischen Verarbeitungen der aus der Umwelt entnommenen Stoffe seine lebenslang dauernde Prägung. Auch in der heutigen Zeit kann man diese Einwirkungen noch nicht messen, nicht nachweisen; daß sie existieren beruht lediglich auf Erfahrungen. Die Astrologie ist ja ein Erfahrungswissen, es hat sich millionenmal bestätigt, daß der Geburtsaugenblick für das ganze Leben von integrierender Bedeutung ist.

Ein Horoskop wird erstellt auf Grund genauer Angaben über den Ort, das Datum und möglichst die Geburtsminute. Mit Hilfe von Tabellen oder – bequemerweise in der Gegenwart mit Computern – kann man dann den Aszendenten bestimmen und nur dann, wenn dies möglich ist, kann auch eine Aussage über den kosmischen Einfluß während der Geburt gemacht werden. Ohne Aszendent sind Angaben immer mehr als fraglich, zumeist aber gar nicht möglich. Wenn daher jemand seine Geburtsminute (mit Schwankungen von höchstens einer halben Stunde) nicht angeben kann, dann kann er auch kein exakt berechnetes Horoskop bekommen. Das ist für viele Menschen, die nicht wissen, zu welcher Zeit sie geboren wurden, immer sehr betrüblich. Denn nur dann, wenn der Aszendent bekannt ist, lassen sich aus einem Horoskop auch prognostische Aussagen gewinnen. Ohne Aszendent bleibt alles unsicher und vielfach sogar falsch.

Wohl kennen routinierte Astrologen Möglichkeiten, eventuell durch viele Berechnungen mit einiger Wahrscheinlichkeit die Geburtszeit fixieren zu können, doch bleibt dies alles mit einem großen Unsicherheitsfaktor behaftet.

Der Aszendent

Die Erfahrung lehrt, daß es recht schwierig ist, Interessenten für die astrologische Lehre den Begriff Aszendent zu erklären. Die ganz genaue Erklärung erfordert eigentlich immer einen Himmelsglobus, wie er früher einmal in den Häusern der Adeligen und Herrscher stets vorhanden war. Denn mit seiner Hilfe konnte man ja verschiedene Berechnungen durchführen.

Man stelle sich ein Achse vor, die durch den Geburtsort und den Erdmittelpunkt geht. Senkrecht zu dieser Achse wird eine durch den Erdmittelpunkt gelegte Ebene gedacht, die an einem ganz bestimmten Punkt die Ekliptik, die scheinbare Sonnenbahn schneidet. Diese ist bekanntlich in zwölf gleiche Teile eingeteilt zu je dreißig Grad und diese zwölf Teile sind die Tierkreiszeichen.

Der Schnittpunkt der durch den Erdmittelpunkt gelegten Ebene mit dem Horizont befindet sich daher in einem ganz bestimmten Grad eines Tierkreiszeichens.

Eine einfache Erklärung des Aszendenten, wenn auch keine genaue, lautet: Der Aszendent ist jener Grad in einem Tierkreiszeichen, der im Augenblick der Geburt am Osthimmel aufgeht. Je genauer die Geburtszeit, umso genauer läßt sich dieser Tierkreisgrad bestimmen.

Der Aszendent wird zum Ausgangspunkt des sogenannten Häusersystems genommen, von ihm aus werden die einzelnen Häuser gezählt. Astrologen sind seit eh und je uneinig, wie diese Häuser genau berechnet werden sollen. Da sich aber in der ganzen westlichen Welt die Häuser nach Placidus durchgesetzt haben, sollte man, zumindest als Anfänger, die dazu notwendigen Tabellen verwenden. Später einmal, wenn man genug Erfahrungen sammeln konnte, wird man dann vielleicht nachdenken, ob nicht andere Einteilungen sinnvoller oder besser sind.

Der Aszendent ist sozusagen das Tor des Menschen zur Umwelt. Was immer in der Umwelt eines Menschen geschieht, lebenslang muß man sich damit auseinandersetzen. Der Aszendent läßt nun erkennen, wie ein Mensch in seiner Gesamtheit auf alle Reize der Umgebung reagiert, wie es zu der ständigen Auseinandersetzung mit den Umwelteinflüssen kommt.

Erinnern wir uns an die Formel des Lebens. Vom Augenblick der Konzeption an wird der Mensch durch seine Umwelt geformt, ununterbrochen verändern sich seine körperlichen, seelischen und geistigen Funktionen. Die Art und Weise aber, wie diese Veränderungen vor sich gehen, die effektiven Möglichkeiten der Anpassung, die ganze Dimension der Anpassungsfähigkeit, ganz besonders aber auch das Filtern der Einflüsse, all das wird weitgehend durch den Aszendenten bestimmt.

Ein Mensch wird ohne Charakter geboren. Vererbt sind nur Anlagen, bestimmte Neigungen, Bereitschaften für dieses und jenes. Erst in der Auseinandersetzung mit der Umwelt, mit all ihren Einflüssen, wozu ja auch vor allem die Erziehung gehört, beginnt sich der Charakter zu formen. Die Umwelt bestimmt, inwieweit sich Charaktereigenschaften entwickeln können, und der Aszendent zeigt den Rahmen dieser Entwicklung. Der Charakter wird bestimmt durch das Selbstwertgefühl des Menschen (Sonne), den Zustand seiner Lebensmechanismen (Mond, Merkur, Venus, Mars, Jupiter und Saturn), eine enorme Vielfältigkeit ist hier mitwirkend und formt das Verhalten und die Funktionen eines Menschen. Der Charakter eines Menschen kann im Laufe des Lebens erheblich schwanken, zum Teil hängt dies mit den Planetenperioden zusammen, der Akzentuierung des einen oder anderen Lebensabschnittes, zum Teil bestimmen aber auch die Veränderungen in der Umwelt den Charakter. In einer friedlichen und spannungslosen Zeit werden die einzelnen Charaktereigenschaften wenig deutlich hervortreten. In Krisensituationen aber zeigt sich dann sehr oft der wahre Charakter eines Menschen, und solche Enthüllungen sind nicht selten für die Umwelt schockierend.

Die möglichst genaue Angabe über den Tierkreisgrad, in dem sich der Aszendent befindet, hat aber noch eine andere sehr wesentliche Bedeutung. Seit Jahrtausenden schon hat man Kenntnis von den Veränderungen im Leben, die auf ein ganz bestimmtes Phänomen zurückzuführen sind, dessen Verständnis allerdings astronomische Kenntnisse voraussetzt. Es dreht sich ja bekanntlich die Erde einmal in vierundzwanzig Stunden um die eigene Achse. (Nicht immer so präzise, jahreszeitlich verschieden kann die Umdrehung einmal etwas langsamer, dann wieder etwas schneller sein!) Während dieser Umdrehung aber wandert die Erde ein kleines Stück weiter auf ihrem Weg um die Sonne. Und wenn die Erde die Sonne im Laufe eines Jahres einmal umrundet hat, dann hat sie sich dabei ebenfalls einmal um die eigene Achse gedreht.

Dies führte schon vor Jahrtausenden zu einer Formel, die kurz wie folgt lautet:

„Ein Tag ist ein Jahr!“

Gemeint ist die Veränderung des kosmischen Einflusses während der Umdrehung der Erde um die eigene Achse, wodurch sich jeden Tag eine andere Position der Planeten ergibt. Nicht sehr deutlich, oft scheint das Planetenbild tagelang gleich zu sein. Nur der Mond macht eine Ausnahme, weil er in zweieindrittel Tagen einmal ein Tierkreiszeichen durchwandert.

Was nun das Planetenbild und auch der weiterwandernde Aszendent im Laufe der Erddrehungen anzeigt, das kann sich dann in den entsprechenden Jahren ereignen. Das Planetenbild siebzehn Tage nach der Geburt entspricht also dem kosmischen Einfluß im siebzehnten Lebensjahr. Berechnungen dieser Art werden von den Astrologen Direktionen genannt, und mit ihrer Hilfe ist es in einem gewissen Umfang – nicht allzu groß! – möglich, das Verhalten und die Funktionen eines Menschen in der Zukunft zu umschreiben.

Es ist verständlich, daß solche Berechnungen umso genauer sind, je genauer die Position des Aszendenten berechnet werden kann.

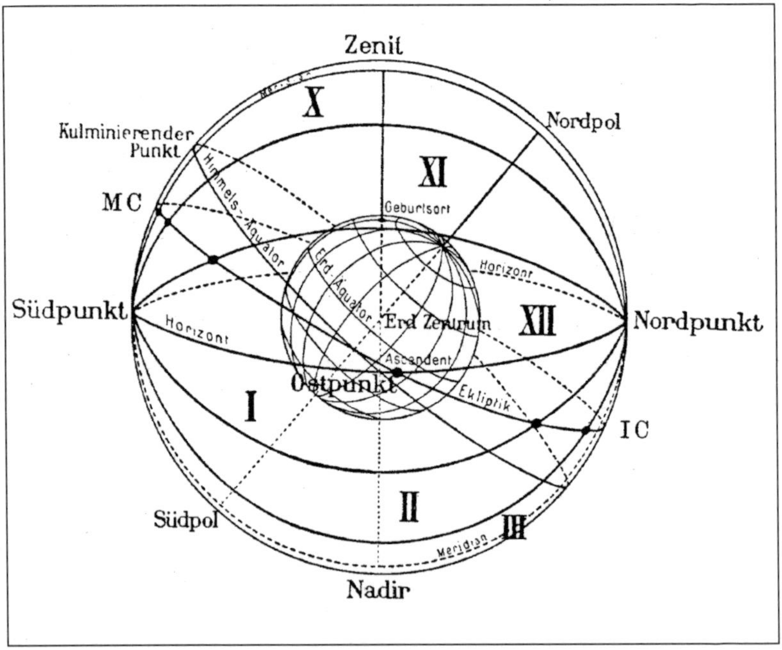

Die astrologischen Häuser. Man beachte den Aszendenten, den Schnittpunkt des wahren Horizonts mit der Ekliptik.

Der Stern der Geburt

In der heutigen Zeit werden sehr viele Astrologiebücher geschrieben. Die Überlegungen dazu sind immer die gleichen. Schraubt man das Niveau solcher Bücher möglichst hoch, sind sie fachlich mehr oder weniger einwandfrei, aber für die breite Masse weniger gut verständlich, der Absatz wird eher gering sein, und ein Verlag wird möglicherweise rote Zahlen schreiben. Bereitet man aber die Texte möglichst breit auf, bringt man alles so einfach wie nur möglich, verzichtet man auf komplizierte Erklärungen, gibt man handfeste Ratschläge, auch wenn diese erstens gar nicht praktikabel und zweitens zum Teil sogar unsinnig sind, dann wird der Absatz eines solchen Buches wahrscheinlich sehr groß sein. Man muß ja auch davon ausgehen, daß in einer Zeit, in der jeder Mensch täglich viele Stunden vor dem Fernsehschirm verbringt, das Lesen zu einer wenig geübten Tätigkeit geworden ist. Schwierige Texte werden daher gemieden, werden vielfach auch gar nicht mehr begriffen.

So ist es nicht verwunderlich, daß es über den Aszendenten zunächst einmal kaum wirklich umfangreiche Literatur gibt. Nur wenig astrologische Forscher und Könner haben sich mit diesem Teil der astrologischen Lehre so beschäftigt, daß sie auch das Verlangen hatten, ihr Wissen weiterzugeben. Den Begriff Aszendent kennen nur wenige Menschen, sie lassen sich auch sehr oft nur schwer belehren. Daher ist der hier übergeordnete Begriff des „Geburtsgebieters“ fast zur Gänze unbekannt. In den heute so zahlreich erscheinenden Astrologiebüchern wird auch darauf fast immer verzichtet, diesen Begriff zu erläutern. Teilweise verstehen ihn auch die Astrologen nicht, besonders dann, wenn sie die Astrologie mit Psychologie oder Soziologie vermischen. Teilweise aber erfordert eben das Verständnis des Geburtsgebieters exakte grundlegende Kenntnisse der Astrologie, ganz speziell der beiden Grundbegriffe „kosmischer Zustand“ und „lokale Determination“!

Es ist heute längst üblich geworden, jemanden nach seinem Sternzeichen zu fragen. Auch tragen viele Menschen, Männer wie Frauen, an einem Halsketterl das Sternzeichen ihrer Geburt. Darunter wird ausnahmslos das Zeichen verstanden, in dem sich bei der Geburt die Sonne befand. Wird jemand gefragt, was er für ein Tierkreiszeichen wäre, dann hört man als Antwort Löwe, Steinbock, Fisch oder sonst eine Tierkreisbezeichnung. Das alles bezieht sich daher ausschließlich auf den Sonnenstand und das Wissen darum ist auch das am weitesten verbreitete um astrologische Zusammenhänge.

Man könnte hier eine klare Unterscheidung treffen. Wird jemand gefragt, *„in"* welchem Zeichen er geboren wurde, dann wäre richtig der Hinweis auf das Sonnenzeichen. Die Frage jedoch, *„unter"* welchem Zeichen man geboren wurde, sollte mit dem Hinweis auf den Aszendenten beantwortet werden. Doch die tägliche Praxis lehrt, daß kaum jemand seinen Aszendenten kennt. Erstaunlich auch, daß nach einer astrologischen Beratung sich die meisten Menschen nicht merken, unter welchem Stern sie geboren wurden. Oftmals kommt es doch vor, daß jemandem das Geburtshoroskop erläutert wurde, und einige Wochen später weiß die betreffende Person nicht mehr, in welchem Zeichen der Aszendent sich befindet. Woher soll dann das erweiterte Wissen um den Geburtsgebieter kommen?

Zu jedem Tierkreiszeichen gehört bekanntlich nach der astrologischen Lehre ein Planet. Dies entspricht jahrhunderteralten Erfahrungen. In ein oder zwei Tierkreiszeichen kann ein Planet besonders kraftvoll unverfälscht und rein seine Wirkungen ausüben. Die Zuteilung ist seit urdenklichen Zeiten bekannt und hat sich auch nach der Entdeckung der Planeten jenseits der Saturnbahn nicht geändert.

Das Schema der Zuteilung sieht wie folgt aus:

Widder	Mars – (Pluto)
Stier	Venus
Zwillinge	Merkur
Krebs	Mond
Löwe	Sonne
Jungfrau	Merkur
Waage	Venus
Skorpion	Mars – Pluto
Schütze	Jupiter
Steinbock	Saturn
Wassermann	Saturn – Uranus
Fische	Jupiter – Neptun

Der Planet nun, der den Aszendenten beherrscht, wird hiezulande der Geburtsgebieter genannt. In den angelsächsischen Ländern spricht man einfach vom „Ruler", also vom Herrscher. Dieser Planet ist der „Stern der Geburt" und hat für das Leben eines Menschen die allergrößte Bedeutung.

Liegt der Aszendent im Löwezeichen, dann ist der Geburtsgebieter die Sonne. Wurde jemand unter dem Zeichen Schütze geboren, dann regiert der Jupiter das Leben. Mit der Kenntnis des Aszendenten ist also sofort erkennbar, unter welchem Stern man geboren wurde. Bei manchen Astrologiekongressen tragen die Teilnehmer auf ihrem Namensschild erstens das Sonnenzeichen, dann das Aszendentenzeichen und obendrein auch das Zeichen, in dem sich der Mond bei der Geburt befand. Diese dreifache Charakterisierung gibt erfahrungsgemäß überaus einfache Kontaktmöglichkeiten, und sehr oft kommt es dann zwischen Gesprächspartnern rasch zu sehr guter Verständigung und mitunter auch bemerkenswerter Sympathie. Es ist ja aus der astrologischen Erfahrung gesprochen zum Beispiel überaus eindrucksvoll, wenn man einem Menschen begegnet, dessen Aszendent im Gegenzeichen liegt. Das ist dann sehr oft Ursache einer sehr kraftvollen Anziehung, findet man doch beim Gegenzeichen die Ergänzung zum eigenen Ich.

Es kommt nun im Leben eines Menschen darauf an, in welchem Tierkreiszeichen der Geburtsgebieter steht, welche Aspekte er empfängt und in welchem Horoskophaus er sich aufhält. Es gibt hier, sieht man von den Aspekten ab, allein einhundertvierundvierzig Möglichkeiten. Ein Planet kann sich, wie bereits erwähnt, in zwölf verschiedenen Tierkreiszeichen aufhalten, ebenso in zwölf verschiedenen Horoskophäusern. Befindet sich beispielsweise der Aszendent im Krebszeichen, dann kann der Mond in zwölf verschiedenen Häusern stehen, ebenso in zwölf verschiedenen Tierkreiszeichen. Mit diesem Hinweis wird auch verständlich, warum Menschen, die am gleichen Tag geboren wurden, ein ganz unterschiedliches Schicksal haben. Denn einfach ausgedrückt (und sehr ungenau!) geht ja alle zwei Stunden am Osthimmel ein neues Tierkreiszeichen auf. Würden zwölf Kinder an diesem Tag geboren werden, unter jedem Tierkreiszeichen eines, dann hätten diese Kinder im Geburtshoroskop die gleiche Sonne. Jedoch der Aszendent wäre bei jedem Kind ein anderer und folglich auch der Geburtsgebieter. Das eine Kind wäre unter Jupiter geboren, ein anderes unter dem Saturn und so weiter.

Wer sehr viel mit Gegnern der Astrologie in Diskussionen verwickelt war, wer sich mit Gegnern der Astrologie einließ, die objektiv zu denken gesonnen waren und die auch bereit waren, sich exakte Erläuterungen anzuhören, mußte immer wieder die Erfahrung machen, daß solche Hinweise einfach die Vorstellungskraft der diskutierenden Personen übersteigen. Vielleicht kann man an Hand eines Himmelsglobus diese Tatsache besser erläutern, aber selbst dann wird es schwer sein, verständlich zu machen, daß sich der Geburtsgebieter in einhundertvierundvierzig Positionen befinden kann. Hinweise auf die Aspekte oder gar auf die sogenannte Domantionskette übersteigen dann alles Vorstellbare. Es ist aber leider doch so, daß man auch unter den Astrologen nicht immer genügend Kundige antrifft, und viele mit dem Begriff des Geburtsgebieters nicht sehr viel anzufangen wissen.

Man wird aber, wenn man sich hier die Zusammenhänge genau überlegt, zu der Erkenntnis kommen müssen, daß die genaue Analyse des Geburtsgebieters das A und O der Deutungskunst ist!

Beim Geburtsgebieter ist, wie ja auch bei jedem anderen Planeten, auf dreierlei zu achten.

Erstens muß man sich über den kosmischen Zustand informieren, also über die Qualität und Wertigkeit, die das bestimmte Tierkreiszeichen dem Planeten verleiht. Mars als Geburtsgebieter hat im Widderzeichen eine andere Kraft als in der Waage, Merkur vermag seine verbindenden Funktionen besonders vielseitig im Zwillingszeichen auszuüben, hingegen wird seine Aktivität im Zeichen des Schützen gebremst und verändert. Hiezu gibt es einen sehr anschaulichen Vergleich, der diese Wechselwirkung deutlich erkennen läßt.

Man stelle sich eine Fensterfront mit zwölf Fenstern vor, von denen jedes einzelne ein anderes buntes Glas eingesetzt erhielt. Hinter die Fensterfront würde man nun zum Beispiel ein rotes Licht hinstellen. Dann würde doch ohne Zweifel das rote Fenster besonders hell aufleuchten. Das blaue Fenster würde violett schimmern, das gelbe würde eine orangefarbenen Ton annehmen. Das Fenster wäre das Tierkreiszeichen, das Licht der Planet. Dieser Vergleich zeigt, daß die Kraft des Planeten in den einzelnen Tierkreiszeichen verschieden zur Geltung kommt, was man besonders beim Geburtsgebieter berücksichtigen muß.

In diesem Zusammenhang spielt auch der Dispositor des Planeten eine Rolle. Man versteht darunter jenen Planeten, der das Zeichen beherrscht. Seine Stellung besitzt ebenfalls für den Geburtsgebieter Bedeutung.

Zweitens muß man sich überlegen, welche besondere Bedeutung dem Geburtsgebieter zukommt, wenn er in diesem oder jenem Horoskophaus steht. Bekanntlich sehen die Astrologen es besonders gern, wenn der Geburtsgebieter sich im zehnten Horoskophaus aufhält. Steht er dann auch noch in einem Zeichen, in dem seine Kraft besonders harmonisch zur Geltung kommt, dann ist dies in der Regel ein Hinweis auf ein sehr erfolgreiches Leben.

Drittens aber sind die Aspekte zu untersuchen, die den Geburtsgebieter treffen. Wird er von mehreren Planeten durch üble Aspekte verletzt, dann hat dies zumeist einen sehr negativen Einfluß auf den ganzen Lebensweg. Im umgekehrten Fall aber wird ein Geburtsgebieter besonders wirksam, und sein Einfluß bleibt dauernd günstig, wenn gute Aspekte vorhanden sind. Auch ist es sehr oft überaus förderlich, wenn der Geburtsgebieter den Aszendenten günstig bestrahlt.

Kehrt man nun zu der eingangs erwähnten Behauptung zurück, daß der astrologische Faktor nur als ein den Phänotypus bestimmender Umwelteinfluß ist, einer von vielen, so wird dennoch gerade aus der Position des Geburtsgebieters vollkommen klar, daß es nicht gleichgültig sein kann, unter welchem Stern man geboren wird. Das Rad des Tierkreises dreht sich im Laufe eines Tages einmal um die eigene Achse, im Durchschnitt geht jedes Tierkreiszeichen zwei Stunden lang am Osthimmel auf. Alle zwei Stunden regiert ein anderer Planet und die Verschiebung einer Geburt bedeutet daher auch eine Verschiebung des in Frage kommenden Planeten.

Wenn in der Gegenwart durch verschiedene Medikamente eine Geburt beschleunigt oder verzögert wird, dann ist es ohne weiters denkbar, daß auf diese Weise ein Mensch mit einem anderen Aszendenten und einem anderen Geburtsgebieter auf die Welt kommt. Hätte man in den Geburtsvorgang nicht eingegeriffen, wäre die Geburt wahrscheinlich früher oder später erfolgt. Sie wäre *„unter“* einem anderen Stern gestanden.

Wer nichts von Astrologie versteht, wem die Bedeutung des Geburtsgebieters nicht klar ist, für den spielen solche Überlegungen natürlich keine Rolle, er wird auch keinerlei Beunruhigung fühlen. Ganz anders aber verhält es sich dann, wenn ein Astrologe im Laufe seiner Tätigkeit, dem Studium von unzähligen Horoskopen, eines Tages zu der elektrisierenden Erkenntnis gelangt ist, daß eigentlich das menschliche Schicksal weitgehend von der Stellung und Art des Geburtsgebieters abhängig ist.

Hat man einmal erkannt, daß in einer, bis zum heutigen Tag unerklärbaren Weise, gerade durch die Position und Art des Geburtsgebieters das Schicksal eingreift und waltet, dann muß zum Beispiel die Tatsache, daß es heutzutage kaum mehr Sonntagsgeburten gibt, zutiefst erschrecken. Frauen, die kurz vor der Entbindung stehen und in eine Klinik eingeliefert werden, haben vielerorts nur dann die reale Chance, ihr Kind zu der von Anfang an berechneten Zeit auf die Welt zu bringen, wenn dies anfangs oder Mitte der Woche erfolgt ist. Kommt eine Frau mit Wehen an einem Freitag in eine Klinik, dann wird entweder der Gebärvorgang unterbrochen und durch Medikamente ein Stillstand der Wehentätigkeit erreicht oder aber rasch künstlich die Geburt eingeleitet. Denn das freie Wochenende, das vielfach bereits am Freitag zu Mittag beginnt und bis Montag früh dauert, darf ja nicht gestört werden. (Dies kommt zum Beispiel in Österreich durch den grotesken Vorschlag, das Bundesheer nur fünf Tage in der Woche in Bereitschaft zu halten, besonders klar zum Ausdruck.) An einem Wochenende findet man in den Spitälern meist nur einen Arzt, dem alle Stationen anvertraut sind und der gehetzt von einem Stockwerk ins andere unterwegs ist.

Ist der Gedanke nicht erschreckend, daß wahrscheinlich sehr viele Menschen mit einem anderen Aszendenten auf die Welt gekommen wären, gäbe es noch die Hebammen, die stundenlang auf das Kind gewartet haben? Ist der Einsatz von Medikamenten, die Manipulation der Geburtszeit ohne Berücksichtigung des kosmischen Einflusses eigentlich zu verantworten? Hier läßt sich eindeutig feststellen, daß eben durch Nichtwissen auch kein Verantwortungsgefühl entstehen kann.

Was ist Schicksal?

Wer auch immer über die Frage, ob Willensfreiheit existiert, nachgedacht und mit anderern diskutiert hat, wird zugeben müssen, daß eine befriedigende Antwort nicht möglich ist. Die Religionen lehren zum Teil die totale Abhängigkeit des Menschen von einer ihm zugedachten Bestimmung, nach der nun einmal das Leben ablaufen muß und gegen die der Mensch nicht ankämpfen kann. Es lassen aber viele Religionen zum Teil dem Menschen auch einen mehr oder weniger großen Spielraum für eigenes Gestalten des Lebens und damit auch die Möglichkeit, dem Schicksal zu trotzen.

Ob es eine übergeordnete Macht gibt, die das Schicksal jedes Menschen lenkt, ist eine Frage, die wohl niemand mit Sicherheit beantworten kann. Der gläubige Mensch wird dazu eine Anwort parat haben, die ihm die eigene religiöse Überzeugung gibt. Menschen, die sich lediglich an philosophischen Überlegungen orientieren, werden sicher zu verschiedenen Meinungen kommen. Wer über genügend Menschenkenntnis verfügt, wird freilich immer wieder die Frage stellen, warum offenbar das Schicksal so unterschiedlich die Lose verteilt und offensichtlich die einen bevorzugt, andere wiederum benachteiligt sind. Wer auch nur ein einziges Mal etwa durch einen Saal jener Pflegeanstalten gegangen ist, wo die Unglücklichsten aller Unglücklichen dem Tod entgegendämmern, etwa durch einen Krankensaal des Wiener Hauses der Barmherzigkeit, der wird fassungslos der Tatsache gegenüberstehen, daß manche Menschen zu einem grauenhaften Dasein verdammt sind und sie ohne jede Schuld oft jahrzehntelang leiden müssen.

Zur Frage, ob der Mensch über Willensfreiheit verfügt, vermag die Astrologie aber doch eine zumindest teilweise sichere Antwort zu geben. Geht man davon aus, daß der Mensch seinen Charakter erst in der ständigen Auseinandersetzung mit der Umwelt gewinnt, dann steht zunächst einmal mit Sicherheit fest, daß durch Erziehung und eigenes Arbeiten an sich selbst ein Charakter gebildet werden kann, dessen Vorzug eine harmonische Anpassung an die jeweilige Umwelt ist. Bei dieser Charakterentwicklung spielen die kosmischen Faktoren, wie sie das

Geburtshoroskop anzeigt, eine mitunter sehr beachtliche Rolle. Besonders dem Geburtsgebieter kommt hier eine überragende Rolle zu, und wenn zum Beispiel Erziehungspersonen, Lehrer, Freunde und Verwandte oder Bekannte zu diesem „Stern des Lebens" in guten Aspekten stehen, dann kann sich ein Charakter auch denn vorzüglich bilden, wenn auch im Grundhoroskop die entsprechenden guten Aspekte nur in geringer Zahl vorhanden sind oder gar Spannungsaspekte überwiegen. Es lehrt nun einmal die Astrologie unmißverständlich, daß ein Mensch auch mit sehr schlechten Aspekten ein erfolgreiches und für die Mitmenschen als wertvoll bezeichnetes Leben führen kann, wenn die daraus resultierende Kraft richtig und vorteilhaft eingesetzt wird. In der Regel geschieht dies in der Weise, daß man durch schlechte Aspekte gezwungen ist, sich weitaus mehr anzustrengen, was wiederum zu einer immer besseren Lebenssituation führt.

Es ist nun einmal eine Lebenserfahrung, daß der Charakter eines Menschen, seine Interessen für die Umwelt, sein Verhalten, seine Lebensweise durch andere geformt werden können. Ein heranwachsendes Kind kann zu einer bestimmten Bezugsperson grenzenloses Vertrauen haben und dann auch bereit sein, deren Lebenseinstellung zu übernehmen. Wer die astrologischen Tatsachen akzeptiert, wer um die große Bedeutung des Geburtsgebieters weiß, der wird wahrscheinlich bei der Erziehung und Auswahl der Bezugspersonen darauf Rücksicht nehmen.

Schicksal ist, nach astrologischen Erfahrungen, Charakter plus Zeit. Hat der Mensch einmal einen bestimmten Charakter erworben, dann wird ihm dieser helfen, sich in der ständig sich verändernden Wirklichkeit in einer bestimmten, eben dem Charakter entsprechenden Weise zu verhalten. Und immer wieder wird es zu einer ganz bestimmten Verhaltensweise kommen, woraus sich dann auch für das ganze Leben Entscheidungen und Veränderungen ergeben. Ist jemand zum Beispiel immer unentschlossen, weil er nicht gelernt hat, Dinge richtig zu bewerten und seine Entscheidungskraft zu üben, dann wird er wahrscheinlich bei vielen Gelegenheiten versagen und es wird ihm der Weg zu einem erfolgreichen Leben verschlossen bleiben. Bestimmte Charaktereigenschaften, die man nicht im Griff hat, wie Jähzorn, echten Geiz oder Genußsucht, müssen zwangsläufig irgendeinmal im Leben eine Katastrophe auslösen, günstige Gelegenheiten werden verpaßt oder bestehende Verhältnisse gestört.

Es kann daher gar keinen Zweifel darüber geben, daß aus der Kenntnis eines Geburtshoroskopes gewisse Schlüsse gezogen werden können über schicksalhafte Fügungen. Diese kommen in der Regel dann, wenn sich im Lauf der Planeten bestimmte neue Aspekte gebildet haben, die dann mit den Planeten im Geburtshoroskop Aspekte bilden. Der hier am wuchtigsten wirksame Wiederholungsaspekt ist der Transit, der Übergang des laufenden Saturn über seinen Platz, den er im Geburtshoroskop eingenommen hat (im neunundzwanzigsten und achtundfünfzigsten Lebensjahr) und über den Geburtsgebieter. Auch die verschiedenen Aspekte dazu wie Quadrate und Oppositionen können große Wirkungen auslösen

Was die Willenskraft betrifft, so lehrt die Erfahrung, daß ein Mensch, wenn er die Aspekte kennt, wenn er sich genügend Kenntnisse über sein Geburtshoroskop verschafft hat, durchaus in der Lage ist, sich so zu verhalten, seinen Phänotypus so zu bestimmen, daß aus den kosmischen Einflüssen Nutzen gezogen werden kann. Schlägt die Faust des Schicksals zu, dann kann allein schon das Verständnis der Schicksalsfügung sehr viel helfen, und man wird vielleicht Mittel und Wege finden, um durch richtiges Verhalten den unheilvollen Einfluß abzuwenden.

Astrologie ist Lebenshilfe!

Der Lebensweg eines Menschen führt bekanntlich durch sich immer ändernde Wirklichkeiten. Niemals gibt es ein Beharren, niemals Sicherheit, immer wieder muß man sich mit neuen Situationen abfinden. Die körperliche, seelische und geistige Gesundheit ist die Voraussetzung für die Bewältigung des Lebensweges, der Lebensaufgaben und die Grundlage des Lebensglückes. In diesem Zusammenhang wird man es wohl als Selbstverständlichkeit ansehen müssen, daß ein Mensch alles unternehmen soll, um die ständigen Auseinandersetzungen mit der Umwelt erfolgreich zu bestehen.

Durch Wahl der Nahrungsmittel, durch körperliche Bewegung, Kontrolle der Gefühle, Aufrechterhaltung geistiger Interessen kann jeder Mensch die Voraussetzungen zur Erhaltung seiner Gesundheit schaffen. Hier lautet die einfachste Regel schon seit Jahrhunderten, daß man alles tun soll, was der Gesundheit nützt und alles zu meiden ist, was ihr schaden könnte. So gesehen hat jeder Mensch gleichsam eine Verantwortung für seine eigene Gesundheit. Was die Lebensaufgaben betrifft, so wird man wohl die seit altersher bestehenden Forderungen akzeptieren müssen. Ein Mensch muß sich bemühen, etwas zu lernen, um einmal selbst seinen Lebensunterhalt verdienen zu können. Er muß weiters eine Lebensgemeinschaft suchen und finden, eine Familie gründen und dazu gehört auch die Bereitschaft, Kinder in die Welt zu setzen. Schließlich sollte man einen Kreis von Freunden und Bekannten haben, in dem man Erfahrungen austauschen und neue gewinnen kann, wo man jemandem helfen kann und dafür auch die Gewißheit erhält, in der Not nicht alleingelassen zu werden. Beruf, Familie und Freundeskreis sind die drei klassischen Lebensaufgaben.

Nun zeigt sich eben, daß dies alles nicht immer glatt geht, daß es Hindernisse gibt, Verzögerungen, schwere Störungen und Enttäuschungen. Für Ärzte, Psychologen und Biologen unerklärbar zeigt es sich oft, daß eines Menschen Antrieb sich plötzlich abschwächen kann, daß oft ganz plötzlich Angst und Sorgen zu quälen beginnen, obwohl sich nichts Nennenswertes in der Umwelt geändert hat. Die ganze Befindlichkeit eines Menschen kann sich ändern, statt optimistischer Einstellung beginnen Depressionen die Lebensfreude zu dämpfen. Es gibt plötzlich auftretende Veränderungswünsche und das Gegenteil dazu, ein eigensinniges Beharren. Schaffenskrisen sind möglich, dann wiederum Erfolgsgipfelungen und hektisches Bemühen, Neues zu schaffen.

Mit anderen Worten, ein Mensch, sein Phänotypus, verhält sich nicht immer gleich, offenbar unterliegt sein Stoffwechsel größeren Schwankungen. Dies bedingt auch ein wechselvolles Zeiterlebnis, ebenso werden dadurch Aktivitätsspannungen ausgelöst. Für all das kann sehr viel verantwortlich sein, sehr oft aber sind es die kosmischen Einflüsse, die diese Veränderungen herbeiführen. Sie können echte Lebenskrisen, im guten wie auch im schlechten Sinn, bewirken, und auf dem Lebensweg fehlen dann, bildlich gesprochen, ganz plötzlich die Markierungen. Man steht vor Entscheidungen, die schon deswegen so schwierig sind, weil die Übersicht fehlt und Zusammenhänge nicht klar erkennbar sind.

Die Astrologie kann nun, wie kein anderes Erfahrungswissen, hier helfend eingreifen. Es können Lebenskrisen mit einem Mal verständlich werden, wenn man die sich ändernden Konstellationen beachtet. Es kann aber auch durch Kenntnis des eigenen Horoskopes eine Entscheidungshilfe gewonnen werden. Kennt man seine eigenen Kräfte, Neigungen und Fähigkeiten, dann kann es mitunter nicht schwer fallen, eine Herausforderung der Umwelt richtig zu beantworten.

In diesem Sinne ist die Astrologie eine echte Lebenshilfe. Sie ist umso gewichtiger und erfolgreicher, je mehr man von den Konstellationen seines eigenen Geburtshoroskopes Kenntnis besitzt. Die wichtigsten Grundlagen aber sind:

1.) Jeder Mensch sollte wissen, in welchem Tierkreiszeichen sich der Aszendent befindet. Darüber hinaus sollte aber auch jedermann wissen, welche Bedeutung dieser Aszendent besitzt. Dazu ist freilich erforderlich, daß man mehr oder weniger genau weiß, zu welcher Kategorie das jeweilige Tierkreiszeichen gehört. (Feuertrigon, Vorherrschaft des Willens, der Aktivität und der Ichstärke: Widder-Löwe-Schütze. Wassertrigon, Dominanz der Gefühle, Phantasie und Eindrucksfähigkeit: Fische-Krebs-Skorpion. Lufttrigon, Zugang zu den geistigen Sphären, Gedankenflug, spirituelle Fähigkeiten und Vorstellungen: Waage-Wassermann-Zwillinge. Erdtrigon, Bezogenheit zu allen materiellen gegenständlichen Dingen, Realismus: Steinbock-Stier-Jungfrau.)

2.) Der Stern des Lebens ist der Geburtsgebieter. Man sollte wissen, „unter" welchem Stern man geboren wurde, in welchem Tierkreiszeichen der Geburtsgebieter steht und auf welches Haus er einwirkt. (Die

Häuser der Reihe nach: I. Charakter und Persönlichkeit. II. Beziehung zu materiellen Dingen. III. Geschwister, geistige Anlagen, Bildungsmöglichkeiten. IV. Familie, Tradition, Lebensanfang und Lebensende. V. Kinder, Spekulationen, Erotik. VI. Arbeit, Krankheit, Unselbständigkeit. VII. Lebenspartner, Ehe, Öffentlichkeit. VIII. Materielle Güter des Partners, Erbschaften, Tod. IX. Weltanschauung, Reisen, Religion. X. Lebensziel, soziale Stellung, Erfolge. XI. Freunde, Gleichgesinnte, Vereinsleben. XII. Abgeschiedenheit, erzwungene Einsamkeit, Feinde.)

3.) Die Sonne verkörpert das Ich. Zu der genauen Kenntnis, in welchem Tierkreiszeichen sie steht, gehört auch das Haus, in dem sie sich aufhält. Steht die Sonne in den Häusern I bis VI, dann erfolgte die Geburt bei Nacht. Steht sie in den Häusern VII bis XII, dann war es eine Tagesgeburt.

4.) Man muß auch wissen, in welchem Zeichen und Haus der Mond im Geburtshoroskop steht. Sehr viel deutlicher wird ein Charakter zu durchschauen, weiß man um die genaue Position des Mondes. Denn er ist es ja, der in erster Linie die Tiefe der Gefühle und die Schwankungsbreite der Stimmungen anzeigt.

Jedem Menschen sind von Geburt an kosmische Kräfte gegeben, mit deren Hilfe er sein Leben gestalten kann. Es gibt keine absolut schlechten und keine absolut guten Horoskope. Jede kosmische Kraft, die vor allem durch den Lauf der Planeten bestimmt wird, kann genützt werden, wenn man das Walten der Konstellationen versteht und die Sprache der Sterne für alle Aktivitäten und Entscheidungen verwertet. Das haben die Menschen in vergangenen Jahrhunderten immer schon getan. Die Astrologie, wie sie sich heute präsentiert, ist sicher in der Lage, echte Lebenshilfe zu gewähren. Man muß ihre Grenzen kennen, man muß wissen, was Astrologie wirklich ist. Ein Umwelteinfluß eben, aber genau gesehen, ein Einfluß, der in der vielfältigsten Weise das Leben gestaltet.

Anhang zum besseren Verständnis des Geburtsgebieters

Schicksal setzt sich aus zwei Komponenten zusammen. Auf der einen Seite ist die reale Wirklichkeit, die sich immer wieder verändert. Auf der anderen Seite ist der Mensch mit seiner Konstitution, seinem Charakter, seiner subjektiven Bereitschaft, die Geschehnisse rundherum aufzunehmen. Der Phänotypus des Menschen, also sein Verhalten, seine Form und all seine Funktionen reagieren immer ganz subjektiv auf die ihn umgebende Wirklichkeit.

Der Punkt nun, in dem sich der Horizont des Geburtsortes mit dem Tierkreis schneidet, heißt der ASZENDENT. *Er ist sozusagen der Kraftpunkt, durch den die verschiedenen Kräfte des Tierkreises in das Erdenleben eines Menschen einstrahlen. Der Planet, der hier als Kraftüberträger fungiert, der das Zeichen des Aszendenten beherrscht, ist der Leitstern des Menschen, sein Geburtsherrscher oder sein* GEBURTSGEBIETER.

Der Geburtsgebieter entscheidet weitgehend über die Schicksalsbereitschaft eines Menschen. Seine Stellung in einem Tierkreiszeichen ist von entscheidender Bedeutung. Vor allem ist zu beachten, ob man mit einem Geburtsgebieter in einem cardinalen, fixen oder labilen Zeichen geboren wurde. Mit einem in einem cardinalen Zeichen stehenden Geburtsgebieter (Widder, Krebs, Waage, Steinbock) ist man lebenslang entschlossen, das Schicksal selbst zu formen. Steht der Geburtsgebieter in einem festen oder fixen Zeichen, dann besteht eine mehr oder weniger deutliche Beziehungslosigkeit zu den Schicksalsfügungen mit einer gewissen Stärke, diese zu ertragen. (Stier, Löwe, Skorpion, Wassermann) Und mit einem labilen oder beweglichen Geburtsgebieter ist man dem Schicksal ergeben, bereit, es anzunehmen (Zwillinge, Jungfrau, Schütze, Fische)

Geburtsgebieter in einem Feuerzeichen

Widder *cardinal: Freiheit wird am höchsten geschätzt, auch auf Kosten anderer.*

Löwe *fix: jede Beschränkung der Freiheit, selbst als Möglichkeit, erbringt Leiderfahrung. Ebenso jede versäumte Gelegenheit, sich des Lebens zu freuen.*

Schütze *labil: Ergebenheit, aber dennoch Bewußtsein der Tatsache , daß die innere Freiheit nicht angetastet werden kann.*

Geburtsgebieter in einem Luftzeichen

Waage *cardinal: die eigene Überzeugung wird zum Sieg geführt.*

Wassermann *fix: man reizt zum Widerspruch, man fühlt sich unverstanden, man erduldet Unrecht.*

Zwillinge *labil: Zweifel und Irrtümer sind Wege zur Wahrheit. Nichts tun, ergeben sein, schweigen.*

	Geburtsgebieter in einem Wasserzeichen
Krebs	*cardinal: das eigene Leid auf andere wälzen oder sie in das Leid hineinziehen.*
Skorpion	*fix: innerer Protest gegen das Leid, Trotz und Resignation.*
Fische	*labil: Leben ist Leiden. Daraus kann sogar eine Glücksstimmung aufkommen.*

	Geburtsgebieter in einem Erdzeichen
Steinbock	*cardinal: niemals müßig sein, an die eigene Kraft glauben, tätig dem Schicksal begegnen.*
Stier	*fix: Mißerfolge können schwer verkraftet werden. Man ist oft das Sprungbrett für den Erfolg anderer.*
Jungfrau	*labil: Alles hinnehmen, lernen. Wenn nötig, immer neu beginnen. Arbeit ist das Lebenselixier.*

Die grundlegenden Tendenzen der Geburtsgebieter.

(Ohne Berücksichtigung der modulierenden Aspekte!)

Sonne: *Gebefreudigkeit. Man tritt mit der Erwartung ins Leben, geben, schenken zu können, und damit wird das Selbstbewußtsein gesteigert. Besonders markant in der Sonnenperiode des Lebens.*

Mond: *Man steht auf der Empfängerseite. Lebenslang besteht die Erwartung, daß man von den Gütern des Lebens einen möglichst großen Anteil zugewiesen bekommt. Unzufriedenheit, wenn das nicht der Fall ist.*

Merkur: *Sehr oft resignierend, weil nicht alles den Wünschen entspricht. Und doch, man setzt sich durch, weil man auf jedem Gebiet des Lebens die eigene Tüchtigkeit beweisen kann.*

Venus: *Bereitschaft, alles aufzunehmen, alles zu verwerten. Dabei dominiert die Euphorie, die gute Stimmung. Hoffnung und frohe Erwartungen bestimmen den Lebensweg.*

Mars: *Man erwartet vom Leben keine Geschenke. Wohl aber ist meist die Überzeugung vorhanden, durch eigene Kräfte alle Schwierigkeiten zu meistern. Lebenslang herrscht die Überzeugung, daß man den Kampf gegen widrige Umstände und jede Form von Ungemach durchfechten muß.*

Jupiter: *Man geht auf der Sonnenseite des Lebens, übersieht das Düstere und will es nicht zu Kenntnis nehmen. In einer oft eigenartigen Weise verschönern Schicksalsfügungen immer wieder den Lebensweg. Der Optimismus wirkt auf Mitmenschen anziehend.*

Saturn: *Man weiß, daß einem im Leben nichts geschenkt wird. Eine Verteidigungsstellung der Umwelt gegenüber mit oft sehr harter Entschlossenheit, Schritt für Schritt voranzukommen. Immer wieder Pessimismus.*

Uranus: *Die egozentrischen Kräfte sind die Grundlage einer Beharrungstendenz. Man läßt sich nichts sagen, man läßt sich durch nichts stören. Und man attackiert die Umwelt, wenn die innere Stabilität angegriffen wird.*

Neptun: *Lebenslange Empfindung, nur ein Teil des Ganzen zu sein. Alles was von der Umwelt einstürmt, sogar stört, wird verarbeitet. Die Härten des Lebenskampfes werden durch ausgleichende Bemühungen geglättet. Großes Verständnis für die Mitmenschen.*

Der Geburtsgebieter in den einzelnen Häusern

(Aspektierungen nicht berücksichtigt)

I. Haus: *Das Selbstvertrauen und das Persönlichkeitsgefühl sind besonders stark entwickelt. Dies ist vor allem dann der Fall, wenn der Geburtsgebieter im gleichen Zeichen wie der Aszendent steht. Doch kann der Geburtgebieter auch in einem benachbarten Zeichen und dennoch im ersten Haus stehen. Dann ist dasPersönlichkeitsgefühl stark herabgesetzt. Es ist die Natur der eigenen Persönlichkeit, die das ganze Verhalten bestimmt. Ständige Prüfung des Lebensweges. Die Charakterbildung, die Schicksalsbestimmung, hängen aber von der Qualität der Tierkreiszeichen ab.*

In den Feuerzeichen wird man entweder charakterlich immer besser oder schlechter, je nach Aspektierung.

In den Erdzeichen wird alles nach Erfolgen oder Mißerfolgen gemessen.

In den Luftzeichen wird die Weltanschauung entweder immer klarer und übersichtlicher oder verworren und töricht.

Und in den Wasserzeichen kann sich durch das Leiden der Charakter verhärten, im günstigen Fall hingegen wird das Verständnis für die Leiden anderer immer größer.

II. Haus: *Hier wird bestimmt, was man mit den eigene Kräften zuwege bringt. Steht der Geburtsgebieter im zweiten Haus, dann konzentrieren sich alle Kräfte und Fähigkeiten, und damit kann dann das Erbgut besser verwertet werden. Die Erwerbstüchtigkeit wird dadurch bestimmt. Schließlich, je nach Qualität des Tierkreiszeichens, die Fähigkeit, die Materie zu verstehen, sich ihrer zu bedienen und sie nutzbar zu machen. Daher auch die zum Teil sehr markante Fähigkeit, Geld zu verdienen. Enstscheidend aber ist, und das hängt von den Aspektierungen ab, wie man die eigenen Fähigkeiten richtig einschätzt und einsetzt.*

Im schlechten kosmischen Zustand und schlecht aspektiert wird der Geburtsgebieter oft lebenslang Schwierigkeiten bringen, die Materie zu bewältigen, Geld zu verdienen und zu einer wirtschaftlich guten Position zu kommen.

III. Haus: *Die einzelnen Häuser stehen auch unter jeweils einem Tierkreiszeichen. Für das erste Haus ist es der Widder, für das zweite Haus der Stier. Das dritte Haus untersteht dem Zeichen der Zwillinge, und es ist daher jene Stätte, an der die Kommunikation eines Menschen mit Gleichgestell-*

ten geprägt wird. Es herrscht ein besonderes Verhältnis zu Geschwistern, Freunden, Verwandten. Die geistigen Fähigkeiten sind es, die hier aus dem Schlummer geweckt werden sollen. Das Lernen, die Auffasungssgabe und die Summe der Interessen sind hier angedeutet. Mit dem Geburtsgebieter im dritten Haus muß vesucht werden, diese Kommunikationen zu anderen herzustellen. Gewichtig ist auch die Tatsache, in welcher Qualität der Geburtsgebieter steht.

In einem Feuerzeichen steht unter positivem Aspekt die Nächstenliebe, im gegensätzlichen Fall verweigert man den anderen eine gute Beziehung, man ist ein schlechter Kollege, ein streitsüchtiger Bruder oder eine streitsüchtige Schwester.

In einem Wasserzeichen gewinnt man bei guter Position des Geburtsgebieters rasch Sympathie, im umgekehrten Fall aber fühlt man sich dauernd durch Gleichgestellte benachteiligt.

Im Erdzeichen macht man die anderen für Mißerfolge verantwortlich, wenn der Geburtsgebieter schlecht gestellt ist. Andererseits ist es soziale Arbeit, die hier Anerkennung findet.

Letztlich bringt ein Geburtsgebieter in einem Luftzeichen dauernd Kritik an den Nächsten und damit dauernd Konflikte, wenn schlechte Aspekte walten oder der kosmische Zustand nicht günstig ist. Bei guter Position aber bringt der Geburtsgebieter im dritten Haus eine richtige Orientierung und Harmonie im Zusammenleben.

IV. Haus: *„Du sollst Vater und Mutter ehren, auf daß Du lange lebest und es Dir wohlergehe auf Erden!"*

Dieses Gebot wird verständlich, wenn man bedenkt, daß die Eltern und Großeltern unter anderen Konstellationen gelebt haben, ihre Wirklichkeit also ganz anders war. Dies wird in erster Linie dadurch bedingt, daß die ganz langsam laufenden Planeten, nämlich Uranus und Neptun, je nach Stellung den Zeitgeist prägen, und ein Mensch folglich die Zustände, die geistigen Strömungen vergangener Epochen niemals ganz verstehen kann. Es werden ihm die vergangenen Ereignisse in Form von Tradition, allerlei Überlieferungen, Ratschlägen, Erfahrungsberichten, wegweisenden Beratungen verständlich gemacht, und damit ist jeder Mensch verwurzelt in seinem Volk, in seiner Familie, in seiner Heimat. Es kann wohl niemals schaden, fest verwurzelt zu sein in Tradition und Überlieferungen. Der Erfahrungsschatz der Eltern und vergangener Generationen hilft mit, die eigenen Lebenspositionen zu erringen und sicher auf dem Lebensweg zu gehen.

Je nach Position des Geburtsgebieters kann man sich dagegen auflehnen oder alles akzeptieren, man kann stolz sein auf die Tradition oder sie sogar hassen, man kann sie als drückend empfinden, als Schuld oder aber als guten Geist, der führt und lenkt. Und man kann auch von der Tradition materiell profitieren, immer wieder Nutzen aus ihr ziehen.

Es ist verständlich, daß eine gute Beziehung zu Eltern und den Ahnen eine sehr große Lebenshilfe sein kann, daß auf diese Weise aus der Vergangenheit ein gerader Weg in die Zukunft führen kann. Es ist ein bedenkliches Zeichen unserer Zeit, daß den heranwachsenden jungen Menschen gelehrt wird, alle Tradtitionen abzulehnen. Damit wird ein Mensch haltlos und kann von den Vertretern verschiedener Ideologien leichter gelenkt, vor allem aber mißbraucht werden.

V. Haus: *Das vierte Haus untersteht dem Krebszeichen, das nachfolgende fünfte aber dem Löwezeichen. Hier kommen somit die persönlichen Kräfte zur Machtentfaltung, vor allem im erotischen Bereich. Es ist auch das Spiel mit der Macht, das Gewinnen von Einfluß auf die Mitmenschen, das der Geburtsgebieter in diesem Hause prägt. Wird diese Macht richtig angewandt, dann ergibt sich daraus echtes Lebensglück. Und ein glücklicher Mensch hat auch sehr oft schöpferische Ideen, er kann Neues schaffen und sich mit seinen Kräften voll entfalten. Ungünstig gestellt, kann ein Geburtsgebieter dauernd Verwirrung bringen, immer wieder unglückliche Liebe mit der bekannten Klage, man würde niemals einen richtigen Partner finden, und es stellt sich im Laufe des Lebens immer wieder die unerfreuliche Tatsache ein, daß Wünsche sich nicht erfüllen lassen und man dauernd das Gefühl hat, im Leben zu kurz zu kommen.*

Sehr oft kommt es vor, daß der Geburtsgebieter im fünften Haus einen guten Winkel, nämlich ein Trigon zum Aszendenten formiert. In diesem Fall ist alles, was Spiel und Erotik betrifft, unter einem besonders günstigem kosmischen Einfluß.

VI. Haus: *In der astrologischen Literatur wird der Geburtsgebieter in diesem Haus, das dem Jungfrauzeichen untersteht, mit dienender Arbeit und Gesundheit in Beziehung gebracht. Das hier waltende Prinzip ist die Einordnung des Menschen in das ihn umgebende biologische System und die Wirklichkeit mit ihrer Ordnung, ihren Verpflichtungen und Geboten. Die Gesundheit wird gefährdet, wenn man sich nicht an die schon seit eh und je bestehenden Gebote hält, nämlich alles zu tun, was der Gesundheit nützt und alles zu meiden, was der Gesundheit schaden kann. Der Geburtgebieter aber gibt auch die Kraft, jeweils mit gesundheitlichen Störungen fertig zu werden. Und weiters wird bestimmt, wie der Mensch zu jenem Ordnungsprinzip steht, das von jedem Erdenbürger Arbeit verlangt. Um den Lebensunterhalt zu verdienen, ist nun einmal schaffende Tätigkeit verlangt, wobei man sich an Richtlinien, Geboten, Befehlen, Verpflichtungen und Notwendigkeiten zu orientieren hat. Steht man dazu in einem harmonischen Verhältnis, ist die Arbeit, sie mag noch so schwer sein, leicht. Ist aber der Geburtsgebieter ungünstig gestellt, dann wird die Arbeit dauernd als „Muß" empfunden, und es fällt dem Menschen schwer, sich einzufügen.*

Demnach kann der Geburtsgebieter in diesem Haus asoziales Verhalten bringen oder aber Arbeitsfreude, falsche Beurteilung der zwingenden Notwendigkeiten oder klare Voraussicht, dauerndes Querulieren und Nörgeln oder williges Tun.

Letztlich aber können Unzufriedenheit und asoziales Verhalten die Krankheitsbereitschaft steigern. Unglück im Leben ist oft auf einen ungünstig gestellten Geburtsgebieter im sechsten Haus zurückzuführen, wenn nicht alles getan wird, um die hier gegebenen negativen Faktoren durch Einsicht und dauerndes Bemühen umzupolen.

VII. Haus: *Das Ich eines Menschen, seine ganze charakterliche Struktur, bedarf einer Ergänzung. Und diese ist im siebenten Haus angezeigt. Der Geburtsgebieter deutet auf jene Beziehungen hin, die der Mensch als Ehe oder dauernde Beziehung zum anderen Geschlecht eingeht. In einem erweiterten Sinn aber ist das siebente Haus jenes Feld, in dem der Mensch Popularität gewinnen kann.*

Das siebente Haus ist das erste über dem Horizont. Der Mensch empfindet das Schicksal nicht mehr als unvermeidlich und unentrinnbare Notwendigkeit, sich darin zu fügen. Er beginnt es vielmehr zu begreifen, die Zusammenhänge werden klarer, durchsichtiger und verständlicher. Das siebente Haus stellt an den Menschen Forderungen, eben eine Partnerschaft einzugehen, den engen Rahmen des Ich zu sprengen und sich der Gemeinschaft zu widmen. Hier spielt die Qualität des Tierkreiszeichens, in dem sich der Geburtsgebieter aufhält, eine ganz besonders gewichtige Rolle.

Eine Partnerschaft eingehen bedeutet so gut wie immer eine Beeinträchtigung der persönlichen Freiheit. Ein Geburtsgebieter in einem Feuerzeichen wird daher diese Beeinträchtigung abzuwehren versuchen, wohl immer in Form von Vorurteilen dem Partner gegenüber. Bei günstiger Stellung allerdings wird es zu einer überaus stabilen Beziehung kommen, weil es zu einem Gleichklang des Wollens kommt.

Der Geburtsgebieter in einem Luftzeichen bringt entweder ein überaus harmonisches Verstehen der Partner oder das Gegenteil, wonach sich der eine immer unverstanden fühlt und es an Bereitschaft fehlt, dem anderen Verständnis entgegen zu bringen.

Geduld und Nachsicht, Eingehen auf die Schwächen des Partners bringt ein gut gestellter Geburtsgebieter im Wasserzeichen, während im entgegengesetzten Fall eine Art Rücksichtslosigkeit die Harmonie stört.

In einem Erdzeichen läßt der Geburtsgebieter entweder Minderwertigkeitsgefühle oder deren Gegenteil, überwertige Vorstellungen, aufkommen. Hier ist es besonders wichtig, daß die Partner in ihrem Streben nach Sicherheit an einem Strang ziehen und die Lasten richtig verteilen.

VIII. Haus: *Während das siebente Haus dem Zeichen der Waage untersteht, das immer den Ausgleich der Gegensätze bringen soll, untersteht das achte Haus dem Zeichen Skorpion, und hier sind es die seelischen Kräfte, die das Verhalten und somit auch das Schicksal bestimmen. Was in der Tiefe der Seele schlummert und immer wieder mahnend erwacht, ist das Gewissen. Die Vergangenheit wird beschworen, Erlebnisse miteinander verknüpft und immer wieder neu gedeutet.*

Das achte Haus stellt die Beziehung zu den Kräften des Partners her. Steht der Geburtsgebieter in diesem Horoskopfeld, dann spielt es lebenslang die Hauptrolle, ob die Beziehung zum Partner aktiv und produktiv ist oder einschränkend und destruktiv. Und diese Beziehung untersteht der Gefühlsbereitschaft, Vertrauen entgegenzubringen und Verantwortung zu tragen. Daher kann ein übel gestellter Geburtsgebieter immer wieder Mißverständnisse bringen, gut gestellt aber eine gedeihliche Zusammenarbeit mit entsprechenden günstigen Auswirkungen.

Eine gedeihliche Zusammenarbeit ist fruchtbar. Das kann sich auf materieller Ebene abspielen, wehalb man dem achten Haus auch immer Auswirkungen auf Mitgift und Erbschaften zugeschrieben hat. Es kann aber der Geburtsgebieter in diesem Haus auch Macht und Einfluß mehren, und die Beziehung zu einem Partner kann sogar weitgehend die Tiefen des Bewußtseins verändern.

Nach alter Tradition steht das achte Haus auch in Beziehung zum Tod des Menschen. Der Geburtsgebieter in diesem Haus kann daher anzeigen, in welcher Weise einmal der Mensch aus dem Leben gehen wird. Hier versagen allerdings die Prognosen sehr oft, denn dabei spielen ja viele Umstände eine Rolle, sowohl die genetischen wie auch die Vielfalt von anderen Umweltfaktoren.

IX. Haus: *Hier zeigt der Geburtsgebieter die Möglichkeit an, auf dem Lebensweg immer neue Erfahrungen zu sammeln, den Gesichtskreis zu erweitern, die eigene Persönlichkeit zur Entfaltung zu bringen. Es ist ja zumeist so, daß ein Mensch auf seinem Lebensweg immer wieder gleiche oder ähnliche Erfahrungen machen muß und daher diese dann, je nach seinem Reifungszustand, auch entsprechend verwertet werden können. Der Geburtsgebieter im neunten Haus öffnet weit den Blick für Fragen der Weltanschauung, der Religion, er kann die Neigung wecken, sich in philosophische Systeme einzuarbeiten oder selbst über das Leben nachzudenken und die Gedanken darüber zu ordnen.*

Der Geburtsgebieter in diesem Haus fragt nach dem Warum einer Schicksalsfügung, der Mensch empfindet das Ausgeliefertsein an das Schicksal, das immer wieder Prüfungen auferlegt. Hier so wie auch im fünften Haus kann der Geburtsgebieter in einem Trigon zum Aszendenten stehen, womit die Persönlichkeit eine markante Festigkeit erhält und die Weltanschauung überaus gediegen sein kann. Sich mit dem Schicksal abzufinden oder nicht, Trotz, Resignation,

Entmutigung auf der einen Seite, Anerkennung der höheren Ordnung, Lebenskraft und letztlich auch Lebensfreude auf der anderen, das alles kann der Geburtsgebieter im neunten Haus bringen. Erweitert wird das Weltbild sehr oft durch die Verwandten, Freunde und Bekannten des Lebenspartners.

X. Haus: *Astrologen bewerten den Geburtsgebieter in diesem Haus fast immer als außerordentlichen Glücksfaktor. Zeigt er doch den Aufstieg im Leben an, die Tendenz, auf der Stufenleiter nach oben immer wieder emporsteigen können. Was ein Mensch getan hat, das spiegelt sich in der Öffentlichkeit und bedingt seinen Ruf, sein Ansehen. Daher sind Menschen mit dem Geburtsgebieter im zehnten Haus äußerst empfindlich, wenn ihnen nicht die entsprechende Verehrung entgegengebracht wird. Das Ansehen wird verteidigt, wobei dazu ja fast immer auch eine Begründung vorhanden ist. Ein Mensch mit dem Geburtsstern in diesem Haus kann sich ganz außerordentlich über das Milieu erheben, in dem er sich bei seiner Geburt befunden hat.*

Die erhöhte Position kann aber als Last empfunden werden. Steht man auf einem Gipfel, dann ist man meist allein. Denn nur wenige haben einen Menschen auf seinem Weg nach oben begleitet. Auch können Freundschaften zerbrechen, wenn man erfolgreich den Weg nach oben gegangen ist. Das Verantwortungsgefühl, das man in einer erhöhten Position zu tragen hat, kann stark bedrücken. Die Angst, die Position zu verlieren, kann oft einen katastrophalen Grad erreichen. Eine hohe Position bringt verständlicherweise mehr Gefahren, als ein Leben in einem Milieu, in dem man unzählige Schicksalsgenossen zur Seite hat.

Dennoch, steht der Geburtsgebieter in gutem kosmischem Zustand und empfängt er gute Aspekte, ist dies wohl eine Stellung, die den größten Erfolg im Leben bringt.

XI. Haus: *Hier wirkt der Geburtsgebieter im Bereich aller Beziehungen, die ein Mensch im Laufe seines Lebens zu Freunden, aber auch zu Personen aufnimmt, die einen günstigen Einfluß auf sein Schicksal nehmen. Ob man gefördert wird oder nicht, ob man in entscheidenden Stituationen des Lebens mit einer helfenden Hand rechnen kann, das hängt sehr oft vom Geburtsstern in diesem Haus ab. Das Freundschaftserlebnis ist ungetrübt, wenn hier der Geburtsgebieter unverletzt steht und sich in einer guten Position befindet. Andererseits wird man zum Beispiel den Verrat eines Freundes erleben müssen; es kann auch sein, daß man jemanden, dem man Freundschaft entgegenbrachte, vollkommen falsch eingeschätzt hat. Steht der Geburtsgebieter ganz ungünstig, dann kann jedes Vertrauen in eine Freundschaft schwinden, woraus oft echte Menschenfeindschaft, die Misanthropie resultiert. Und wenn der Geburtsgebieter schlecht bestrahlt in einem Erdzeichen steht, dann erlebt man nicht selten materielle Nachteile durch Freunde, die sogar einen finanziellen Ruin bringen können.*

XII. Haus: *Der Platz, den der Geburtsgebieter im Horoskop einnimmt, zeigt dem Menschen, wo er am empfindlichsten ist, sowohl was die guten wie auch die bösen Einflüsse seitens der Umwelt betrifft. Und dies gilt besonders für das letzte Haus im Lebensrad des Menschen, denn hier wird ständig das Bewußtsein wach gehalten, daß unser Leben begrenzt ist, daß wir auf dem Lebensweg der immer größeren Beschränkung, Einschränkung entgegengehen. Das Ende des Lebens ist dann die oft aufgezwungene Einsamkeit mit der Konfrontation der Erfolge oder Mißerfolge. Das heißt, man blickt auf das Leben zurück, und nun wird klar, ob man den Lebensweg erfolgreich gegangen ist oder nicht, ob man die Lebensaufgaben gelöst hat oder ob man dazu nicht imstande war. Diese Konfrontation kann überaus schmerzlich sein.*

In diesem Sinne zeigt der Geburtsgebieter an, wie man diese Lebenszeit erleben wird, wie man mit der mehr oder weniger erzwungenen Einsamkeit zurechtkommt. Man kann mit dem Schicksal hadern, man kann das Vertrauen in die Gerechtigkeit verlieren, man kann von ständigem Mißtauen erfüllt sein oder sich gegen Feinde aller Art zur Wehr setzen, die schuld sind am eigenen Unglück.

Es kann dem Menschen aber auch höchste Weisheit zufließen, ein gutgestellter Geburtsgebieter kann ihm gerade diese Jahre des Lebens verschönern, indem der Mensch sich gleichsam geistig erhebt über die Mühsale des Daseins und in einen Zustand der Verklärung eintritt.